AF192829

Muñecos

Dirección editorial
M.ª Jesús Díaz

Idea y dirección de la obra
Jordi Vigué

Textos y realización de ejercicios
Mimia Parra

Revisión
Javier Rodríguez, Equipo Susaeta

Fotografía
Tatiana Lopera, Archivo gráfico APEX

Agradecimientos
Alba Lucía Suárez, Alicia Parra

Diseño gráfico y maquetación
Estudio gráfico APEX

Coordinación
Miquel Ridola

Muñecos

TIKAL

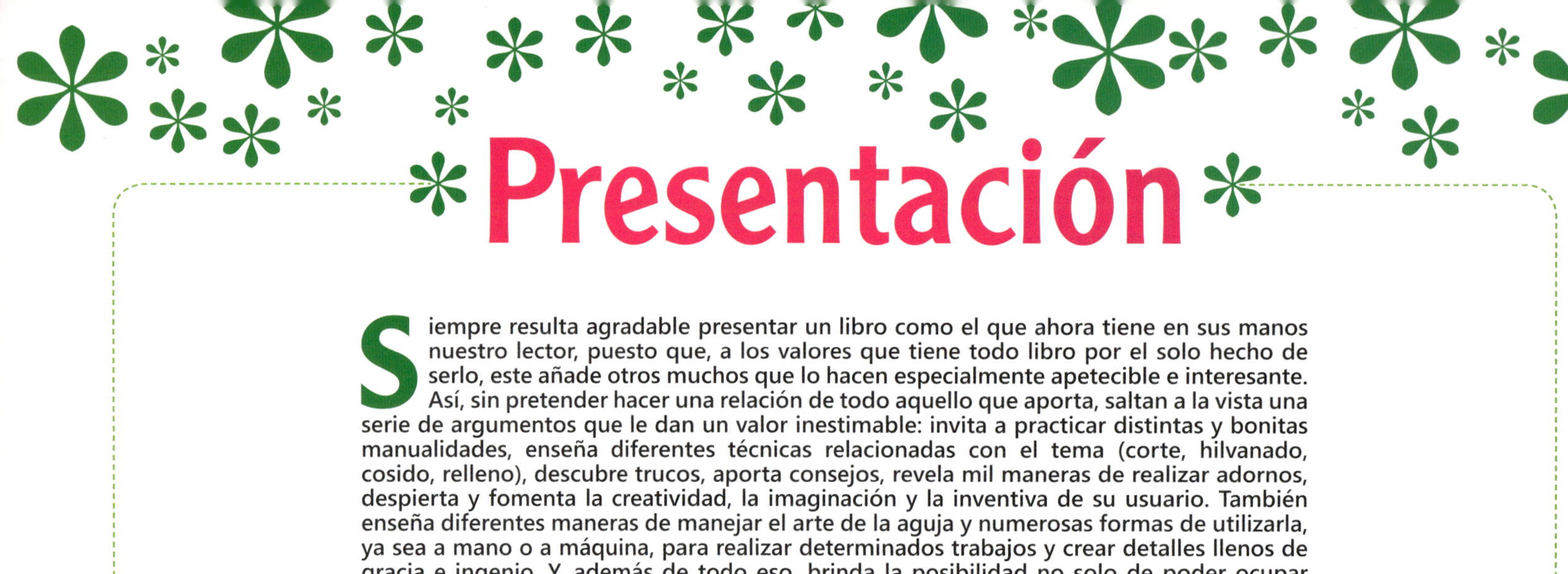

* Presentación *

Siempre resulta agradable presentar un libro como el que ahora tiene en sus manos nuestro lector, puesto que, a los valores que tiene todo libro por el solo hecho de serlo, este añade otros muchos que lo hacen especialmente apetecible e interesante. Así, sin pretender hacer una relación de todo aquello que aporta, saltan a la vista una serie de argumentos que le dan un valor inestimable: invita a practicar distintas y bonitas manualidades, enseña diferentes técnicas relacionadas con el tema (corte, hilvanado, cosido, relleno), descubre trucos, aporta consejos, revela mil maneras de realizar adornos, despierta y fomenta la creatividad, la imaginación y la inventiva de su usuario. También enseña diferentes maneras de manejar el arte de la aguja y numerosas formas de utilizarla, ya sea a mano o a máquina, para realizar determinados trabajos y crear detalles llenos de gracia e ingenio. Y, además de todo eso, brinda la posibilidad no solo de poder ocupar horas de ocio, sino también, y sobre todo, de poder pasar en su compañía unos momentos sumamente agradables y divertidos. ¿Hay quien dé más?

Como podrá constatar el lector, el libro está dedicado a un tema tan simpático y agradable como es la creación de muñecos de trapo y presenta una colección de trabajos de dificultad diversa, pero pensados y elaborados de manera que puedan ser realizados sin dificultad por un público muy amplio, mínimamente preparado, sin necesidad de disponer de un espacio de trabajo grande y sin que para la realización de cada ejercicio se exija gastar mucho en materiales o se requieran muchas y complicadas herramientas. Todo ello con la idea de que el libro pueda llegar a una gran cantidad de público y sea de utilidad.

Las propuestas que aquí se ofrecen se han clasificado en tres niveles de dificultad, de más fácil (nivel 1) a más difícil (nivel 3). El libro se acompaña de tres hojas grandes, en cada una de las cuales se contienen los patrones de los proyectos de cada nivel, para que sea más fácil acertar en el corte de las diferentes piezas de cada muñeco. Cada ejercicio se presenta paso a paso y todos los procesos se acompañan de muchos consejos y aspectos a tener en cuenta o de acciones a recordar para que el trabajo consiga el mejor resultado.

Con todo ello creemos honestamente haber hecho una buena aportación a la oferta existente en manualidades. Y además se ha logrado que cualquiera de los trabajos que aquí se proponen, una vez terminados, puedan ser utilizados, ya sea como elemento decorativo de la vivienda, como detalle de buen gusto con el que sorprender a algún ser querido o como regalo singular y simpático, igualmente válido para un niño que para un adulto.

Esperamos, por tanto, que este libro, además de cumplir aquellos objetivos que se fijaron al decidir su preparación, logre convertirse en un amigo sincero, siempre atento y bien dispuesto a hacer pasar a su usuario unos ratos muy agradables y divertidos, que seguro se coronarán con la obtención de un muñeco que, por su aspecto y colorido, será capaz de aportar un toque de simpatía a cualquier lugar o ambiente en el que se ubique, además de arrancar una sonrisa a quien lo observe.

Sumario

Nivel 1

Nivel 2

Nivel 3

Consejos

Al coser dos telas de diferente calidad, se debe tener mucho cuidado porque si no se colocan de manera que coincidan perfectamente y se cosen bien, puede deformarse la pieza e incluso variar el tamaño. Por ello se recomienda en estos casos hilvanar antes del cosido definitivo.

Para confeccionar un cabello corto o para un flequillo, se puede enrollar el hilo de lana (mejor que sea algo grueso) en dos o tres dedos de la mano para ir haciendo pequeños rulos o madejas, cada uno de los cuales se atará con la misma lana.

Si se desea que el trabajo que se está realizando tenga cuerpo, pero la tela que se está utilizando es muy fina, se recomienda pegar una entretela termofijable y sobre ella cortar, siguiendo la referencia de los patrones correspondientes. La entretela termofijable no debe ser muy fina si se desea que el trabajo quede rígido.

Al trabajar con el relleno de algodón siliconado se debe actuar con cuidado, puesto que se trata de un material que suelta una especie de motilla que puede ser perjudicial para el aparato respiratorio. En estos casos, lo mejor es utilizar una pequeña mascarilla protectora y, a ser posible, realizar el relleno en un lugar que esté bien ventilado.

Cuando de un mismo patrón sea necesario cortar dos piezas iguales (brazos, piernas, orejas, etc.), se recomienda cortarlas encontradas (como en espejo), con lo cual se evitará que dichas piezas queden mirando para un mismo lado.

Las agujas para coser los ojos deben ser largas, de manera que sean capaces de traspasar el trabajo de un lado a otro de una sola puntada. Con ello se evitará perderse, se facilitará que los ojos queden situados a una misma altura y simétricos en el conjunto de la cara, y también que el cosido de los mismos resulte con un mejor acabado.

También se recomienda utilizar agujas largas para bordar las bocas y para las uniones de elementos, como brazos o piernas con el cuerpo. Esto será siempre una buena ayuda para que todo resulte más fácil de realizar y también para conseguir un aspecto final más agradable y un mejor acabado.

Al rellenar las piezas debe evitarse a toda costa que una zona quede más embutida que otra. Resulta tremendamente feo ver una zona que forma prominencias, mientras que en otra aparecen hoyos debido a un mal relleno. Además de acomodar el relleno con las manos, en caso de tener que rellenar algunas partes más difíciles (recovecos, ángulos, elementos muy estrechos, etc.), se recomienda ayudarse de algún instrumento que facilite el relleno (lápiz, palillo grande, regla, punta de las tijeras siempre que sea roma, etc.). Lo que se debe garantizar a toda costa es que cualquier pieza que se rellene quede siempre totalmente uniforme.

Consejos

Antes de utilizar la pistola de silicona, es necesario dejarla calentar un poco. Luego, con una servilleta o un trapito, se limpiará bien el gollete antes de proceder a la aplicación.

Se debe tener especial atención al coser las telas. Si no se colocan correctamente, se puede deformar la pieza, luego no ajustará e incluso el tamaño y la forma quedarán incorrectos.

Los muñecos son más fáciles de trabajar a mano, lo que hará necesario utilizar un hilo que sea fuerte y resistente.

Siempre que se deban coser dos piezas iguales para formar un mismo elemento (brazos, piernas, orejas, etc.) se deberán colocar las piezas encaradas, es decir, derecho contra derecho.

Cuando se vaya a coser una pieza ovalada o redonda, antes de darle la vuelta se le deberán practicar unos cortes pequeños en todo el contorno para evitar que se formen frunces.

Cuando se vaya a cortar un contorno, se debe tener cuidado de hacerlo a unos 5 mm de la costura, con lo que además de asegurar bien el correcto recorrido de dicha costura, evitará que la tela se deshilache o se rasgue, especialmente al tirar de ella en el momento de realizar el relleno.

A medida que se vaya avanzando, se recomienda de cuando en cuando detener el trabajo para revisar lo que se lleva hecho y ver cómo va quedando. Ni que decir tiene que esto se debe hacer también al final de cada trabajo. Revisar con criterio crítico, buscando errores o imperfecciones y analizando los detalles (costuras, relleno, cosido, uniones, etc.), para comprobar que el muñeco, una vez terminado, queda bien equilibrado, se sostiene bien y no desentona en ninguno de sus detalles.

Se recomienda que, antes de empezar un ejercicio, se prepare una superficie de trabajo suficientemente grande y despejada, aunque con todo lo necesario (telas, patrones, utensilios, etc.) bien ordenado y a mano, para evitar tener que levantarse una y otra vez a buscar cualquier cosa. Si se tiene todo ordenado, será más fácil concentrarse en lo que se está haciendo, el trabajo resultará más agradable y cómodo y el resultado será mucho mejor.

Cuando se vaya a aplicar la silicona, se deberá tener cuidado de que el aplicador no gotee y no dañe el trabajo.

Al aplicar la silicona, se debe actuar con cuidado para que la unión quede lo más disimulada posible. Si no se domina bien el manejo de la pistola, será mejor entrenarse previamente, puesto que una mala unión o una unión que no se haya cuidado suficientemente afeará la calidad del trabajo.

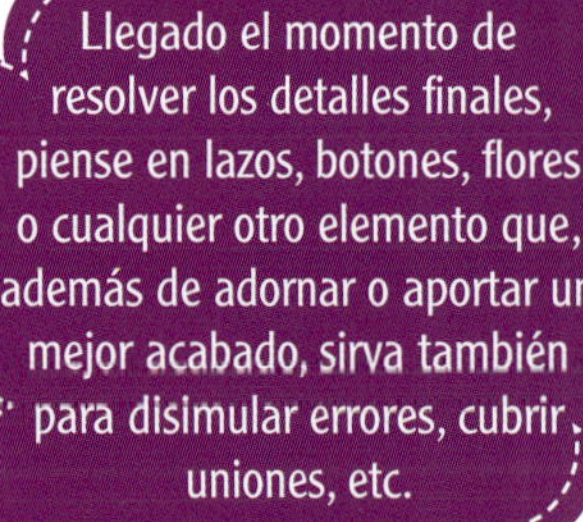

Llegado el momento de resolver los detalles finales, piense en lazos, botones, flores o cualquier otro elemento que, además de adornar o aportar un mejor acabado, sirva también para disimular errores, cubrir uniones, etc.

Cuide siempre la combinación de telas y colores. En cuanto a las primeras, en la medida de lo posible, evite trabajar con telas de diferente textura y calidad. El cosido, la plancha y la caída de las mismas siempre serán difíciles de combinar de manera que se comporten igual. En cuanto a los colores, pruebe una y otra vez antes de decidirse por aquellos que va a utilizar y, sobre todo, por los que va a combinar, especialmente si tienen que yuxtaponerse. Piense que hay colores que se repelen y nunca podrán ponerse junto a otros, y que, en general, no todos los colores combinan entre sí.

En la medida de lo posible, se recomienda utilizar materiales de primera calidad. Aunque sean más caros, siempre serán más fáciles de trabajar, darán un mejor resultado final y el aspecto de la pieza, una vez terminada, resultará más atractivo.

Las cintas pueden ser un excelente recurso para el adorno y el acabado de ciertos muñecos. Las hay de diferentes anchos y muestras y también existe una gama muy variada de colores. Es preciso conocer bien el repertorio que ofrece el mercado y pensar que, además de ser un elemento económico y fácil de trabajar, puede convertirse en un excelente recurso para cubrir uniones, disimular defectos y aportar un toque de color que favorezca notablemente el acabado final de un trabajo.

Hay una serie de requisitos que resultan indispensables antes de comenzar a realizar un trabajo:

✳ Debe estar relajado, en un lugar cómodo y bien iluminado, escuchando música o algo que le haga sentir bien.

✳ No tenga prisa por acabar lo más pronto posible. Todo requiere su tiempo. Las prisas suelen ser muy malas compañeras.

✳ Paciencia, mucha atención, cuidado con los detalles, revisar lo que se ha ido haciendo.

✳ No haga ningún paso sin comprobar que el paso previo se ha cerrado satisfactoriamente.

✳ Cuando se encuentre con algo que tenga que realizar y le resulte complicado, será bueno que, antes de atacar el trabajo definitivo, ensaye para encontrar la mejor manera de proceder.

Materiales
y herramientas

Lazos

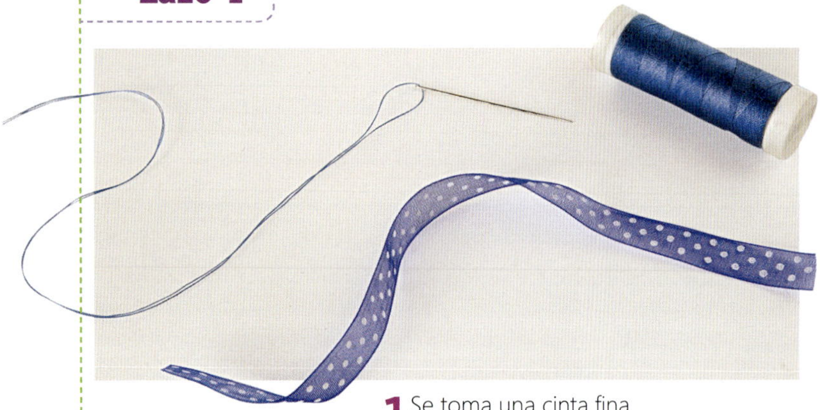

1 Se toma una cinta fina de unos 15 cm de largo.

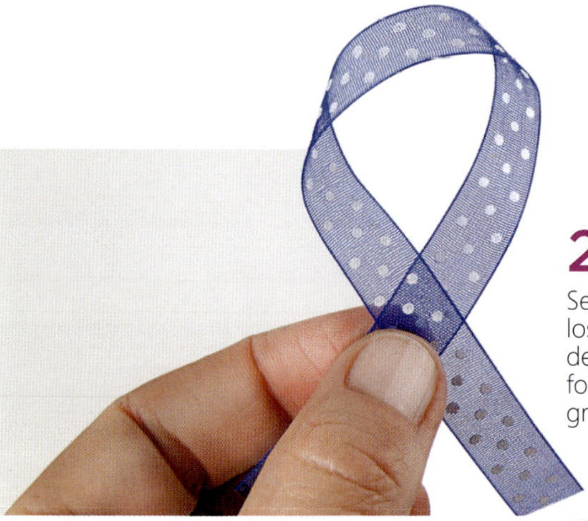

2 Se superponen los dos extremos, dejando que se forme una lazada grande.

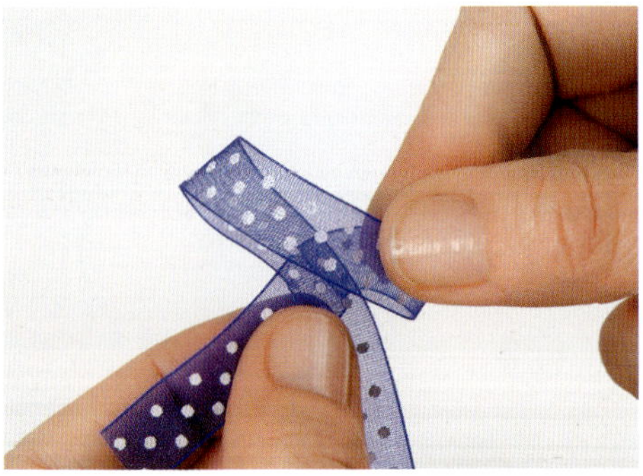

3 Se dobla la lazada anterior hacia abajo, hasta donde se encuentra el cruce de las cintas.

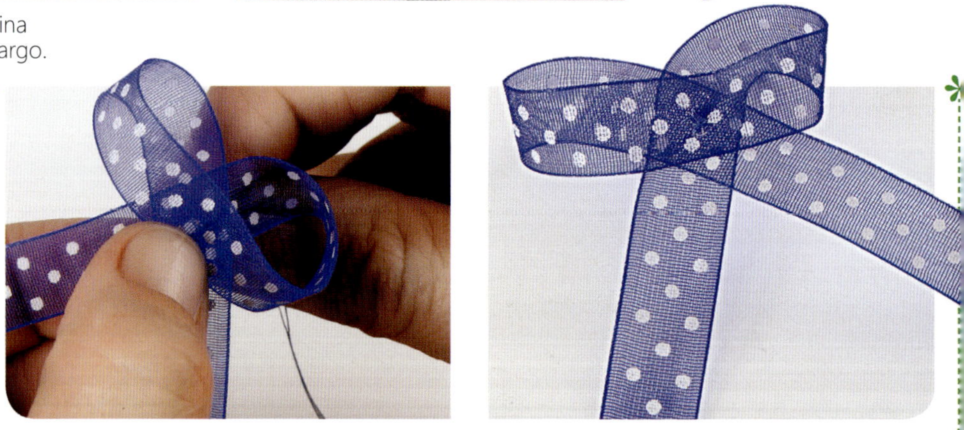

4 Se aseguran todos los cruces o dobleces con unas puntadas, utilizando hilo del mismo color.

5 Se cortan los extremos de las cintas al bies.

6 Con ello el lazo se da por terminado.

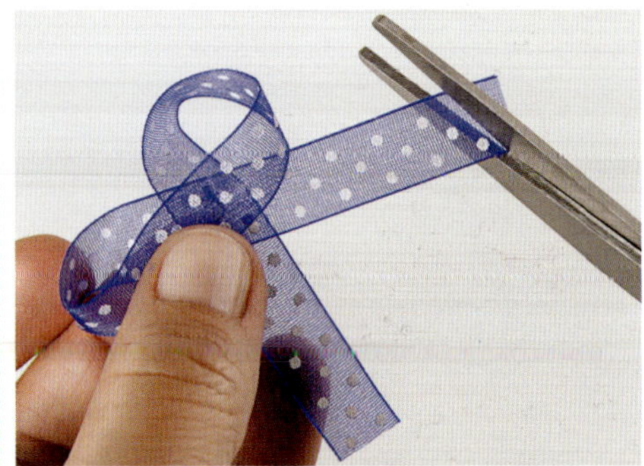

7 Aquí se muestra el mismo lazo en colores diferentes.

Lazo 2

1 Se enrolla la cinta sobre el dedo pulgar para formar un núcleo.

2 Se forma una lazada de manera que quede a un lado del núcleo realizado en el paso anterior.

3 Se forma otra lazada en el lado opuesto, cuidando de que quede de la misma medida que la lazada anterior.

4 Se repite ahora la acción de los pasos 2 y 3, pero con las lazadas un poco más grandes.

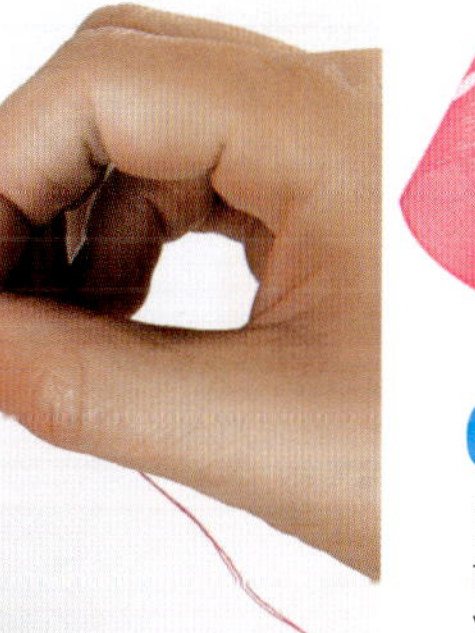

5 Se corta la cinta en la segunda vuelta y se asegura el lazo con unas puntadas.

6 El lazo en sí está terminado, pero lo vamos a mejorar.

7 Se cortan 30 cm de cinta del mismo color, pero más estrecha. Se dobla por la mitad y se superpone al lazo para decidir la medida a la que se va a dejar.

8 Se corta otra cinta de la misma medida que la anterior y se dobla por la mitad.

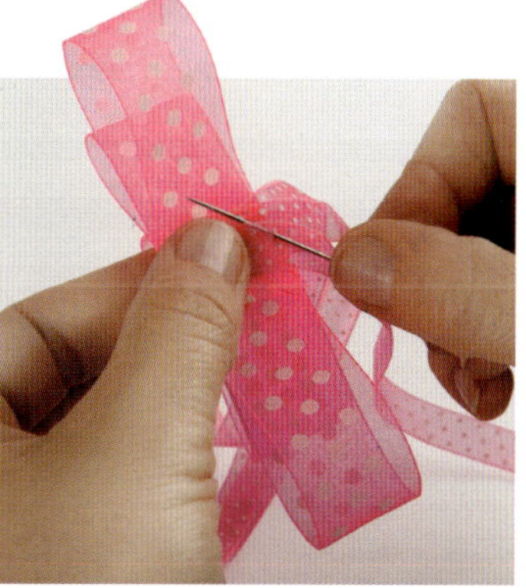

9 Las dos cintas obtenidas se juntan o superponen por uno de sus extremos, se acomodan y se cosen por la parte posterior del lazo.

10 ¡Este es el aspecto final de nuestro lazo!

Lazos

Lazo 3

1 Se cortan dos cintas de 15 cm de largo cada una.

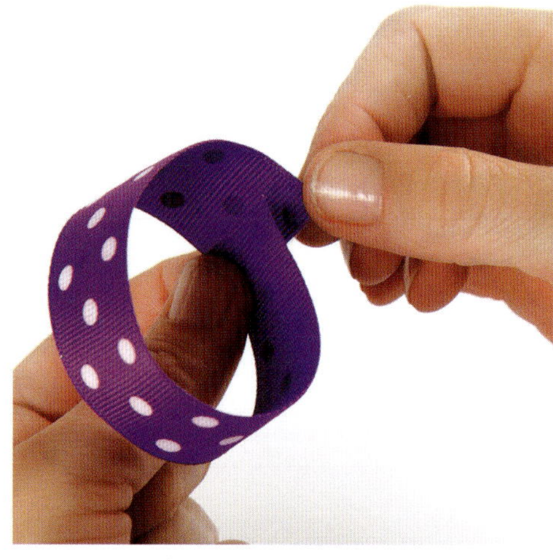

2 Se unen las puntas de manera que el conjunto forme un círculo.

3 Se aplasta el círculo por la mitad, hasta encontrar la cinta opuesta.

4 Se dan unas puntadas para que las dos cintas que se han juntado se mantengan unidas.

5 Se tira del hilo para formar un recogido hasta conseguir que el lazo quede bien fruncido...

6 ... y se remata bien.

7 Así es como deben quedar las dos cintas después del proceso seguido hasta este momento.

8 Se toman ahora los dos lazos y se colocan uno al lado del otro.

9 Se cosen los dos lazos por la mitad. Se debe coser con cuidado, ya que los dos lazos no deben superponerse, sino quedar uno junto al otro.

10 Una vez cosidos ambos lazos, se tira del hilo para formar un recogido. Con ello los dos lazos quedarán dispuestos en forma de X, que es lo que se buscaba.

11 Ahora se cubre la unión envolviéndola con un pequeño trozo de cinta igual a la utilizada, pero un poco más fina.

12 Una vez cubierta la unión y arreglado el lazo para que todo quede bien acomodado, se cose la cinta fina por la parte posterior del lazo.

13 Con ello se da por terminado nuestro lazo.

Pajarito

El ejercicio que se propone en este apartado es sencillo y en él se podrá practicar el ajuste de unas piezas con otras y también su cosido, de manera que el conjunto quede perfecto y no presente ni incorrecciones ni errores. Para garantizar los cosidos de dos o más piezas que deben formar un conjunto, como en este caso el que forman el cuerpo o las alitas y la cola, se recomienda presentarlas previamente y, antes de coserlas, hilvanarlas.

Este es el dibujo esquemático que se ha preparado como base del ejercicio que se va a realizar. Los patrones correspondientes se encuentran en la hoja 1, cara 1, dibujados en color marrón oscuro.

Se muestra en esta imagen un bodegón con materiales y herramientas que se van a utilizar para la realización del presente ejercicio.

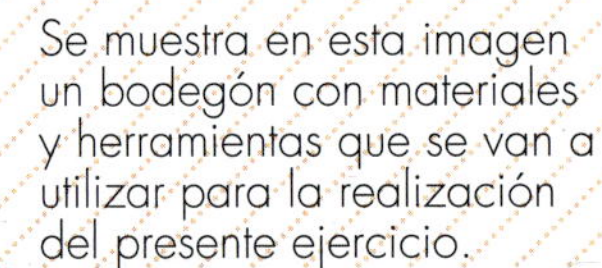

1

Con la referencia de los patrones correspondientes, se corta la pieza azul, que irá acomodada a la parte inferior del pajarito (cuello y estómago). Se corta también la pieza de color naranja, que corresponderá a la parte superior (cabeza y espalda).

2 Sobre la tela de color naranja se cortan dos piezas, que servirán para los lados del cuerpo. Las alitas irán colocadas sobre estas piezas.

3 Se cortan ahora las piezas que corresponden a la cola...

4 ... y también la pequeña pieza que servirá para el pico.

✳✳✳ Montaje del cuerpo ✳✳✳

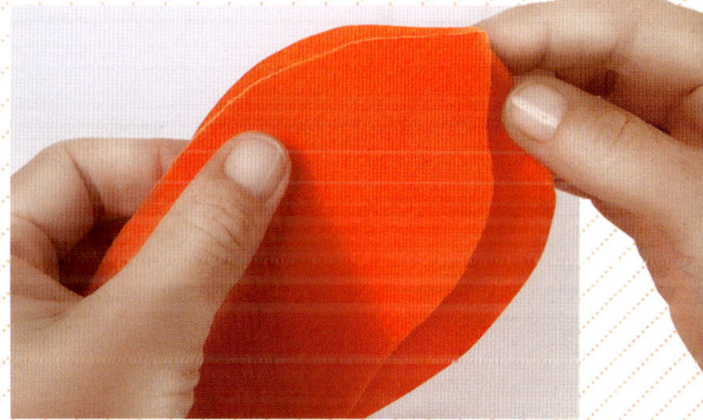

5 Se coge la pieza lateral que se ha cortado en el paso 2 y se coloca sobre la superficie de trabajo de la manera que muestra la imagen.

6 Junto a la pieza anterior se coloca ahora la pieza cortada en el paso 1, correspondiente a la cabeza y espalda, de manera que las dos puntas se toquen.

7 Se cosen las dos piezas, superpuestas, empezando por la punta y siguiendo por todo su perímetro.

Se debe poner atención a las piezas que corresponden a los lados, ya que, además de tener formas diferentes a las de dichos lados, deberán ir montadas con estas de una manera determinada.

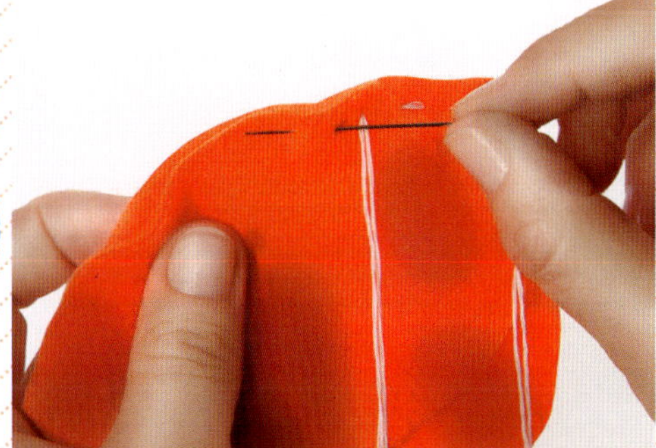

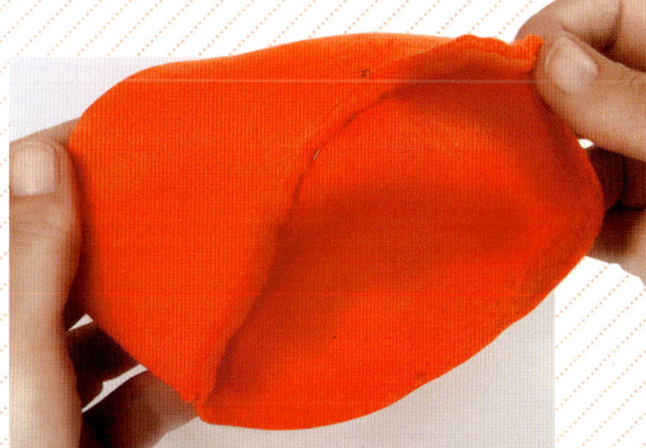

8 Mediante unos hilvanes se unen las dos piezas, con lo cual se irá formando el cuerpo del pajarito.

9 Una vez terminado el hilván, se separan con las manos las dos piezas, de manera que se vean tal como muestra la imagen.

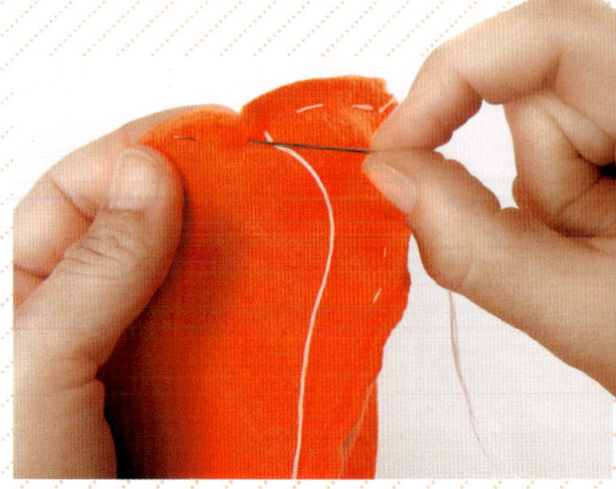

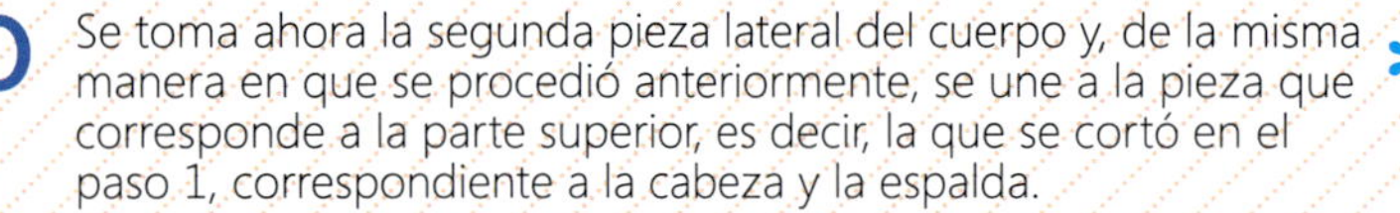

10 Se toma ahora la segunda pieza lateral del cuerpo y, de la misma manera en que se procedió anteriormente, se une a la pieza que corresponde a la parte superior, es decir, la que se cortó en el paso 1, correspondiente a la cabeza y la espalda.

11 Se cose con hilvanes, igual que se hizo con la pieza anterior.

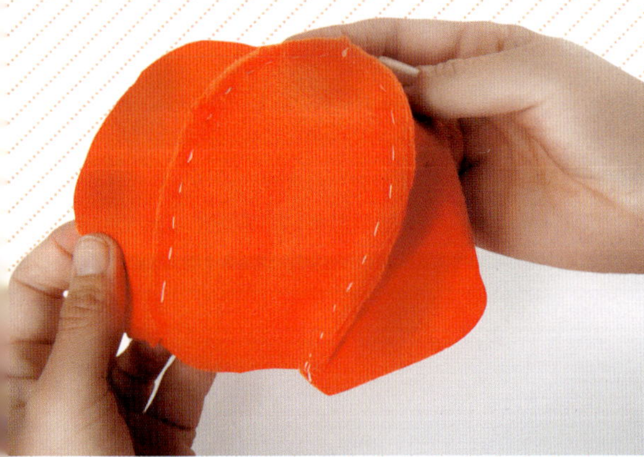

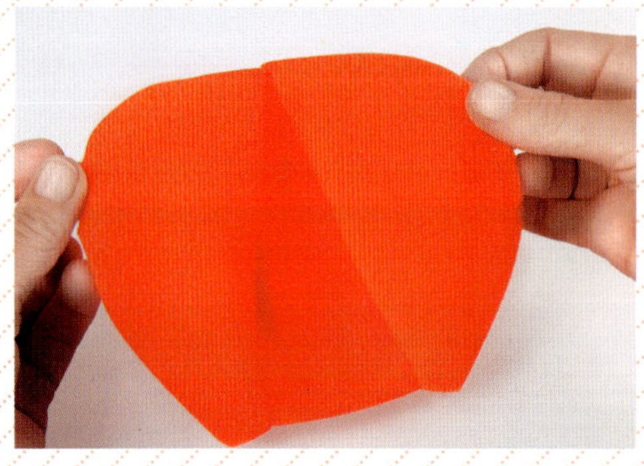

12 Así es como deben quedar las piezas una vez cosidas. Estamos hablando de la pieza que corresponde a cada lado y la de la cabeza y la espalda.

13 Una vez cosidas las tres piezas, se abren.

14 Se les acomoda ahora la pieza de color azul, correspondiente a la parte inferior del cuerpo.

16 Una vez terminada de coser esta pieza, el conjunto debe verse así.

15 Se cose la pieza azul con las piezas de los lados del cuerpo del animalito, desde la punta hasta la parte inferior, igual que se hizo con la primera pieza.

17 Con la máquina se cose todo el cuerpo del pajarito, siguiendo la línea de los hilvanes.

18 Una vez terminado el cosido a máquina, se cortan y se retiran todos los hilvanes.

Como se trata de coser dos piezas cuya forma no es idéntica, a medida que se vaya cosiendo se deben ir acomodando los bordes de una y otra para que coincidan lo mejor posible.

*** Relleno del cuerpo ***

19 A continuación se da la vuelta al conjunto del cuerpo...

20 ... y se acomodan las costuras para que queden bien volteadas y presentadas.

21 Con abundante cantidad de algodón siliconado se rellena el cuerpo del animal, para que quede muy duro.

*** Cola ***

22 Para armar la cola, se cortan dos piezas de acuerdo con el patrón correspondiente. Cada pieza debe ser de un color diferente.

23 Se superponen las dos piezas de manera que coincidan totalmente y teniendo en cuenta que la de color azul debe ir situada en la parte inferior.

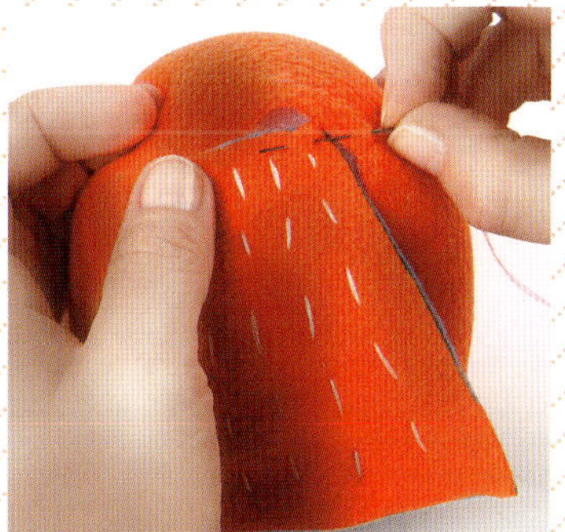

24 Se acomoda la cola en su lugar y se cose, de manera que este cosido sirva también para cerrar la abertura que había quedado abierta.

25 Una vez terminado el cosido de la cola, el trabajo debe verse así.

✳✳✳ Alitas ✳✳✳

26 Para las alitas, se cortan cuatro piezas de igual tamaño, aunque dos de ellas de un color y las otras dos de otro.

27 Igual que se hizo con la cola, se superponen dos piezas, una de cada color, teniendo en cuenta que la de color azul quede debajo y la de color naranja encima.

28 Una vez se hayan ajustado las dos piezas de manera que coincidan, se cosen una con otra por todo su perímetro, procurando que la línea del cosido deje unos 5 mm de excedente hasta el corte de los bordes de las piezas.

✳✳✳ Detalles finales ✳✳✳

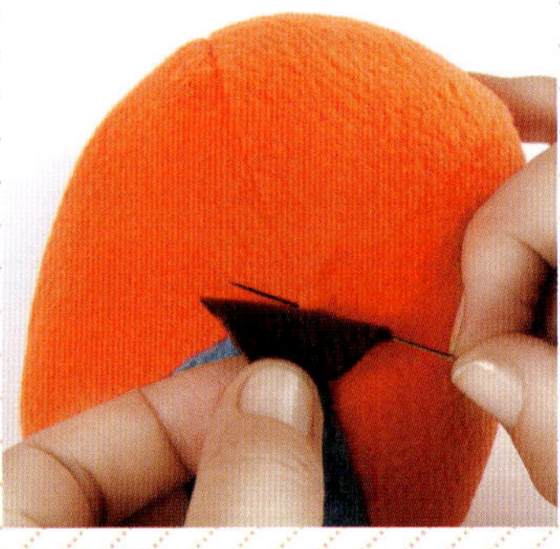

29 Para el pico del animal, se toma la pequeña pieza cuadrada que se cortó en el paso 4. Se dobla esta pieza en diagonal para conseguir un triángulo, que se utilizará como pico.

30 Se cose el pico en su lugar.

31 Así es como debe quedar el pico, una vez cosido en su lugar definitivo. Para los ojos se utilizan botones negros semiesféricos.

32 Se presentan las alitas para decidir su colocación exacta...

33 ... y a continuación se cosen, cuidando que las dos queden situadas a una misma altura y simétricamente.

34 He aquí el resultado final.

Pepín

Este sencillo ejercicio se propone para aprender algunas técnicas y acciones elementales en la confección de muñecos, como, por ejemplo, el corte y cosido de las piezas, la manera de rellenarlas correctamente y cómo hacer que el material embutido se distribuya de manera uniforme, incluso en algunas zonas más complicadas, etc. Es bueno no solo aprender estas técnicas, sino también llegar a dominarlas, para que, cuando se trate de realizar ejercicios más difíciles, estos conocimientos y acciones básicas, lejos de representar un problema, sirvan para facilitar el trabajo.

Se presentan en esta imagen una serie de materiales y herramientas necesarios para la realización del ejercicio que se propone en el presente capítulo.

Este es el dibujo esquemático del muñeco que se va a realizar. Los patrones correspondientes figuran en la hoja 1, cara 1, donde se han dibujado en color azul oscuro.

✳✳✳ Confección del cuerpo ✳✳✳

1 Siguiendo la referencia del patrón, se cortan dos piezas iguales que corresponderán al cuerpo.

2 Se superponen las dos piezas cortadas, procurando que coincidan exactamente.

3 Se cosen las dos piezas con puntadas de filete por todo el perímetro, a unos 5 mm del límite, dejando sin coser un pequeño tramo que va a servir para voltear el cuerpo y embutir el relleno.

4 Se rellena el interior del cuerpo del muñeco sin excederse en el material a embutir, puesto que interesa que quede algo blando al tacto.

Para el corte de las piezas con la referencia del patrón, lo mejor es colocar primeramente el patrón correspondiente sobre la tela de la que se va a cortar la pieza y, con un lápiz de grafito blando, dibujar sobre ella el perfil de la pieza. También puede hacerlo colocando el patrón sobre la tela e interponiendo entre uno y otra un papel de calco, para calcar con un lápiz el dibujo o perfil del patrón. Luego, tanto en uno como en otro caso, con unas tijeras y siguiendo el trazo realizado, podrá cortar sin peligro de equivocarse.

✳✳✳ Alas y patas ✳✳✳

5 Se cortan dos piezas para cada elemento, es decir, en total cuatro piezas para las alas y otras cuatro para los pies.

6 Con las piezas cortadas se forman cuatro parejas. Las dos piezas de cada pareja se superponen, se hacen coincidir exactamente y se ajustan bien.

7 Se cose cada pareja por todo el perímetro, poniendo especial atención a las puntas.

8 En el cosido de las piezas se deja un hueco que servirá para el relleno.

9 Se rellenan las alas y los pies. Una vez que haya terminado el relleno, se acomoda bien todo el material embutido para que la pieza quede uniforme. Luego se cose el pequeño tramo que se había dejado abierto.

> Hacer llegar a las puntas el relleno del material puede resultar bastante difícil. Para conseguirlo, se recomienda ayudarse con un palillo o un lápiz o similar, que facilita mucho el embutido.

✳✳✳ Pico ✳✳✳

10 Se cortan dos piezas iguales, de acuerdo con la referencia del patrón.

11 Siguiendo el mismo proceso de las alas y los pies, se superponen las dos piezas y se hacen coincidir lo máximo posible. Luego se cosen en todo su perímetro...

12 ... dejando una pequeña abertura para el relleno.

13 A continuación, se rellena, poniendo cuidado en que el material quede repartido uniformemente.

14 Después se cose la abertura que se había reservado.

✳✳✳ Montaje de las piezas ✳✳✳

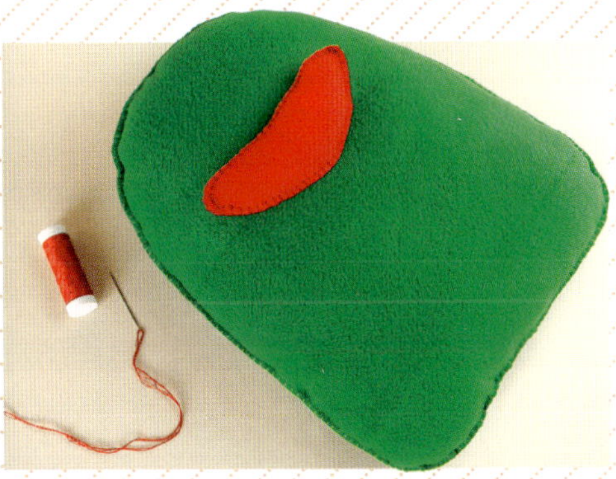

15 Primeramente se presenta el pico para decidir su posición exacta.

16 Una vez centrado el pico, se cose en su lugar definitivo.

17 También se presentan las alas y después se cosen en su lugar.

18 Se repite la misma operación con las patas.

19 Así ha quedado el trabajo una vez completada esta fase de montaje.

Siempre que se tengan que montar dos piezas iguales, antes de coserlas o pegarlas debe hacerse una presentación de ellas para acabar de decidir el lugar y disposición exactos en que se van a situar. Para conseguir un buen aspecto final, es muy importante asegurar en estos casos que la disposición de ambas piezas quede correcta y lo más simétrica posible.

✳✳✳ Pelo ✳✳✳

20 Para el pelo se utilizará una pieza de tul de color blanco.

21 Se corta en el tul una tira de unos 10 cm de ancho por el largo que se desee.

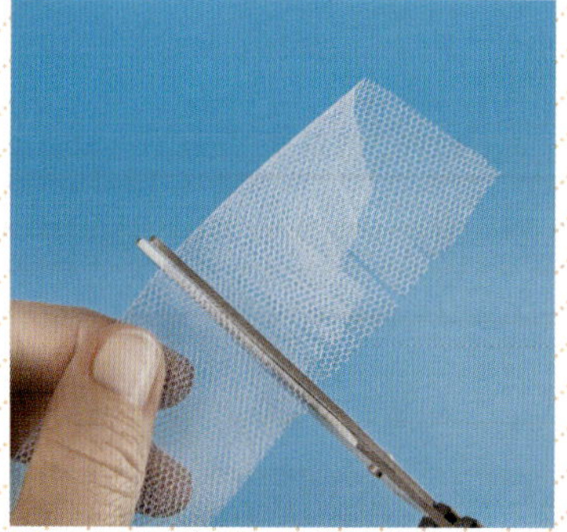

22 Se dobla la tira por la mitad, a lo largo, y se practican unos cortes transversales de unos 5 mm de ancho.

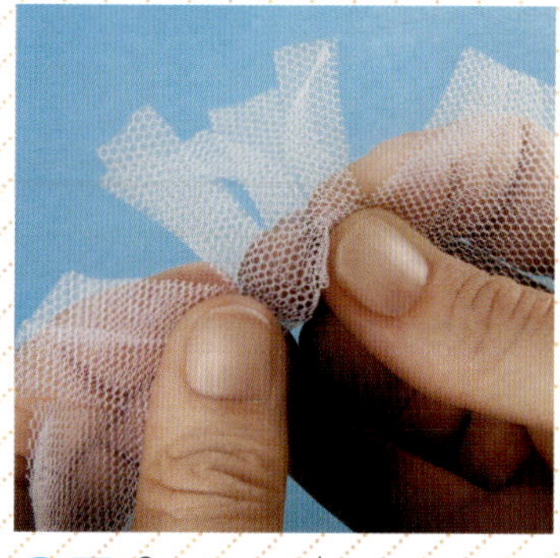

23 Se separan los cortes realizados para que queden más sueltos.

24 Con aguja e hilo se realizan unos hilvanes a todo lo largo del borde opuesto al de los cortes.

25 Se aprieta el hilo de los hilvanes de manera que se forme un aglomerado desordenado de tul.

 Acabado 

26 Se aplica silicona por todo el borde superior del muñeco...

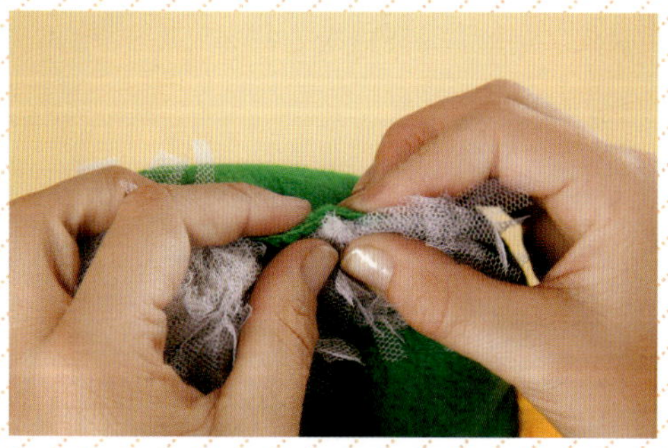

27 ... y se pega el pelo en su lugar, procurando que quede bien repartido.

28 Se eligen unos ojos grandes y llamativos y con silicona se pegan en su lugar.

29 Y ya está. Este es nuestro muñeco.

Murciélago

Dentro de su simplicidad, el ejercicio que ahora se propone obligará a poner atención a algunos aspectos importantes, como son la vuelta de dos piezas pares con relleno y de algunos ángulos más delicados (como las orejas del murciélago) y la confección de los ojos. En el primer caso está en juego el perfecto acabado de algunos detalles, mientras que en el segundo se trabajará la confección de los ojos para dar al muñeco la expresión que se desea que tenga.

Se presentan aquí los materiales y herramientas que se van a utilizar para realizar este ejercicio.

Este es el dibujo esquemático de nuestro murciélago. Los patrones correspondientes se encuentran en la hoja 1, cara 1, dibujados en color verde oscuro.

✳✳✳ Preparación del cuerpo y las alas ✳✳✳

1

Para armar el murciélago es necesario cortar dos piezas para el cuerpo, utilizando el patrón como referencia.

2

Para las alas se cortan cuatro piezas en la tela, también de acuerdo con el patrón correspondiente.

✳✳✳ Confección de las alas ✳✳✳

Para poder trabajar mejor durante los pasos siguientes del proceso, una vez adherida la tela fusionable se cortarán los excedentes.

3

Antes de coser las alas, se utiliza tela fusionable para que quede más rígida el área que interese.

4

Se adhiere la tela fusionable con la plancha a temperatura media-alta.

La tela fusionable se debe utilizar solamente en una de las dos piezas del ala, puesto que si se utiliza en las dos, las alas quedarán tan rígidas que se hará difícil el trabajo.

5

Se juntan e igualan los pares de piezas correspondientes al ala que se han cortado y se cosen.

6

Una vez cosidas las piezas del ala, se cortan los excesos, para que los bordes de la pieza resultante queden bien igualados.

Al cortar las puntas de la tela del ala, es muy importante no cortar el hilo para que, al dar la vuelta a la pieza, quede bien plana y se evite que se formen bultos.

7 Se da la vuelta al ala y se arreglan las puntas, para que el aspecto quede correcto.

8 Cuando se ha dado la vuelta a las alas, se acomodan bien. Debe tenerse en cuenta que la parte más estrecha debe quedar situada arriba.

9 Se acomodan las alas sobre el cuerpo, para presentarlas.

10 Una vez decidida la posición de las alas, se asegura con alfileres para evitar que se muevan.

✳✳✳ Confección del cuerpo ✳✳✳

11 Se superponen las dos piezas que van a formar el cuerpo del murciélago.

12 Se cosen las dos piezas que forman el cuerpo siguiendo todo el contorno.

13 Se deja sin coser un pequeño tramo, que servirá para poder dar la vuelta al cuerpo.

14 Se da la vuelta a la pieza del cuerpo, asegurándose de que las puntas de las orejas quedan bien acomodadas.

15 Se rellena el cuerpo, teniendo mucho cuidado con las orejas, asegurándose de que el relleno alcanza las puntas.

16 Una vez finalizado el relleno, se cose el tragmento que se había dejado libre, sin coser.

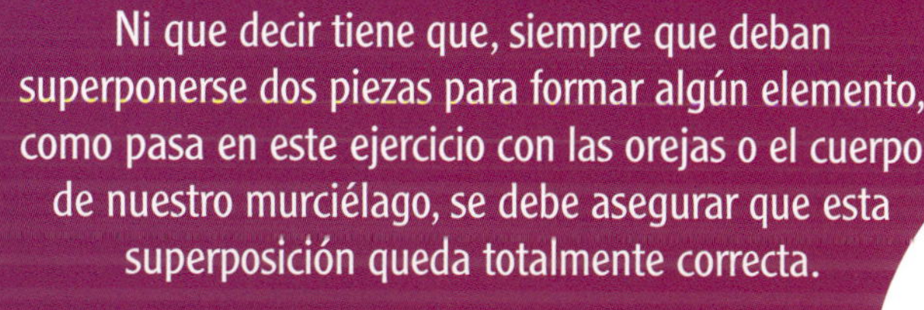

Ni que decir tiene que, siempre que deban superponerse dos piezas para formar algún elemento, como pasa en este ejercicio con las orejas o el cuerpo de nuestro murciélago, se debe asegurar que esta superposición queda totalmente correcta.

Para garantizar que, al dar la vuelta a una pieza, esta queda perfectamente acomodada, puede ser de ayuda utilizar la cabeza de una aguja de tejer, sobre todo para acabar de arreglar las puntas.

17 Este es el aspecto que ofrece nuestro trabajo en esta fase del proceso.

✳✳✳ Acabado ✳✳✳

18 Estos son los elementos que se van a necesitar para la fase final del proceso.

19 Para las órbitas se aplican unas gotas de silicona sobre la parte posterior de las piezas blancas y se pegan en su lugar sobre la pieza del cuerpo.

20 Para colocar los ojos, con la pistola de silicona se aplican unas gotas sobre la parte anterior de las pequeñas piezas blancas y se pegan los ojos en el lugar correspondiente.

21 Igual que se procedió con los ojos, se pegan los colmillos en su lugar con silicona. Con ello nuestro murciélago se da por terminado.

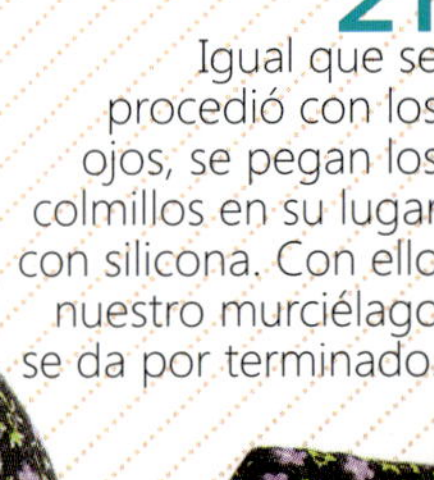

A la hora de elaborar y armar los ojos, debe tenerse en cuenta que la manera en que estos se dispongan será decisiva para el aspecto que se quiera dar al murciélago: simpático, tierno, serio, etc. Por ello se recomienda, antes de pegar los ojos, estudiar con atención la manera que se estime más adecuada.

Zorro

Este muñeco de un zorro es fácil y servirá para irse familiarizando con el manejo de las telas, materiales y herramientas, especialmente, la aguja y el hilo. Se trata de tomárselo con calma, sin tener prisa para terminar y, antes de empezar un nuevo paso, asegurarse de que el que se acaba de hacer es correcto.

Este es el dibujo del zorro que se va a realizar. Los patrones de las piezas que se necesitan figuran en la hoja 1, cara 1, donde han sido dibujados en color rojo.

❋❋❋ Confección de la cabeza ❋❋❋

1 Se cortan todas las piezas necesarias, dos unidades de cada.

2 Como el cosido de este ejercicio va a ser a mano, se optará por una puntada de filete para lograr con ello que el zorro resalte más.

3 Para esta puntada se juntan e igualan las dos piezas del par que se ha cortado correspondiente a la cabeza y se introduce la aguja en el borde.

4 Antes de que la hebra penetre totalmente en la tela, se introduce la aguja en el hilo para que forme una especie de anillo...

5 ... y, con cuidado, se tira de la hebra, evitando que la tela se arrugue.

6 Se pasa de nuevo la aguja por la tela, repitiendo los pasos anteriores, formando un nuevo anillo antes de que todo el hilo entre en la tela.

7 Repitiendo la misma acción, se va avanzando por todo el perímetro de la pieza, aunque dejando una parte sin coser, para realizar el relleno.

Mientras vaya cosiendo, procure no tirar demasiado fuerte del hilo, porque, aunque con ello conseguirá que dicho cosido quede más firme, también provocará que la tela se arrugue y que el trabajo quede feo.

8 Se rellena la cabeza de manera que quede bastante tupida y se cose la parte que se había dejado para introducir el relleno.

9 Para marcar las orejas, se cose con puntada recta de un extremo a otro de su base.

10 Este es el aspecto que ofrece la cabeza una vez terminada.

✳✳✳ Preparación de las otras piezas ✳✳✳

11
Siguiendo el mismo método utilizado para la cabeza, se juntan y se igualan ahora todos los pares de piezas, dejando siempre una pequeña parte libre para introducir el relleno.

12
Se introduce el relleno y se cose la parte que se había dejado sin coser.

✳✳✳ Montaje del zorro ✳✳✳

13
Se presenta la cabeza sobre el cuerpo y se cose en su lugar definitivo.

14
A continuación, se coloca y se cose la cola en su lugar.

15
Se colocan y se cosen ahora las patas.

16
Con una punta de silicona se pegan los ojos y el hocico.

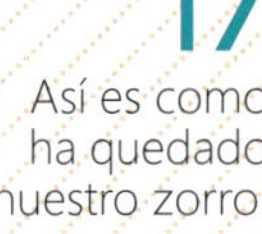

17
Así es como ha quedado nuestro zorro.

Oso panda

Este ejercicio puede servir para tomar nota de unas cuestiones que es preciso tener en cuenta. Así, algunas veces es preferible coser a mano que coser a máquina. Ciertos elementos es mejor pegarlos directamente con silicona. A veces estos elementos podrán asegurarse mediante un cosido posterior. Para resaltar algunos elementos faciales o darles color, se puede recurrir al maquillaje.

Este es el dibujo esquemático de referencia que se ha hecho del oso panda que se va a confeccionar. Los patrones necesarios para las piezas que se requieren se encuentran en la hoja 1, cara 1, dibujados en color negro.

En este bodegón pueden verse diferentes materiales (telas, hilos, etc.) y herramientas necesarios para la realización del ejercicio que se propone en este capítulo.

✳✳✳ Confección del cuerpo ✳✳✳

1 Con la referencia del patrón correspondiente, se cortan dos piezas idénticas.

2 Se corta también la pieza que figurará en la parte inferior del animal.

3 Se dobla una de las piezas del cuerpo por la mitad.

4 Se dobla también la parte oscura, más pequeña, cortada, y se coloca sobre la pieza doblada en el paso anterior.

Siempre que se superpongan piezas que después se vayan a coser juntas, es imperativo que dichas piezas coincidan exactamente, lo cual se debe verificar antes de proceder a cualquier otra acción sobre ellas.

5 Se coloca un alfiler para asegurar el doblez que se ha realizado.

6 Se abre la tela y se acaban de colocar los alfileres para asegurar la marca.

7 Con hilo de color marrón muy grueso se borda una línea recta de un alfiler al otro, empezando desde el que está más abajo.

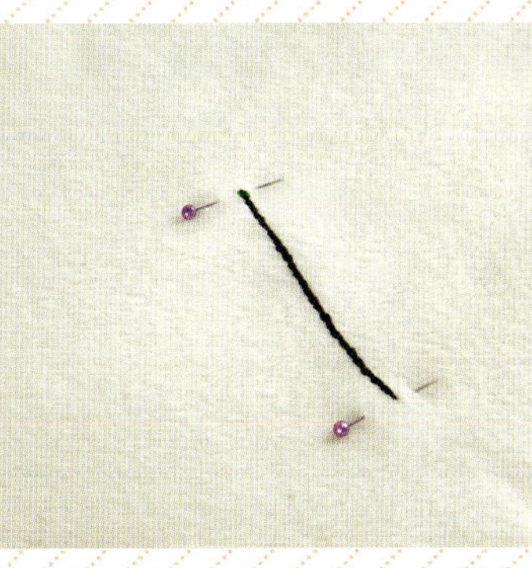

8 Cuando se llega al otro alfiler se remata el hilo y se corta.

9 Se coloca ahora la pieza de color marrón oscuro en su lugar sobre la tela de color blanco.

10 Se cortan dos piezas circulares grandes en tela oscura y otras dos más pequeñas en tela blanca, utilizando el patrón como referencia.

11 Se superpone una pieza blanca sobre una oscura, se centra y se cose.

12 Se colocan los ojos en la cara, cuidando que queden situados a la misma altura y simétricos con referencia a la línea recta vertical que se ha bordado.

13 De acuerdo con el patrón, se cortan las orejas. En este caso dos piezas de color blanco, más grandes, y dos piezas de color marrón oscuro, más pequeñas.

14 De la misma manera en que se ha procedido con los ojos (paso 11), se superpone una pieza oscura sobre una blanca, de manera que queden bien centradas.

15 Luego se cosen.

16 Cuando se tengan las dos piezas cosidas, se toma la otra pieza blanca y se coloca debajo de la pieza blanca ya trabajada...

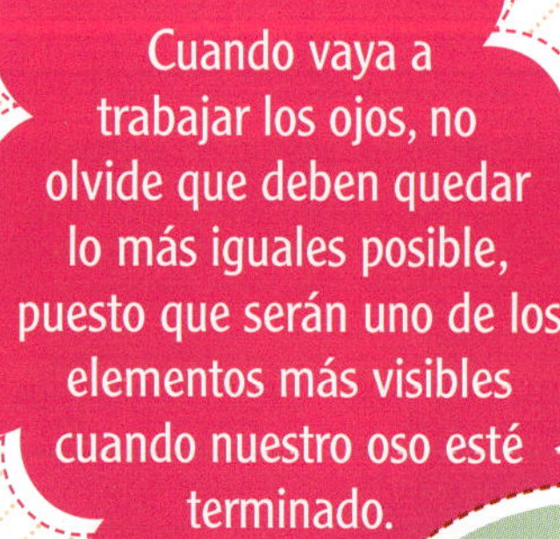

Cuando vaya a trabajar los ojos, no olvide que deben quedar lo más iguales posible, puesto que serán uno de los elementos más visibles cuando nuestro oso esté terminado.

17 ... y se cosen ambas por todo su perímetro.

18 Así deben quedar las orejas en este momento.

19 Se rellenan ahora las orejas, aunque no muy abundantemente.

Al realizar el cosido tanto de los ojos como de las orejas, se debe elegir bien el color del hilo a utilizar. Así, sobre la tela blanca se utilizará hilo de color blanco, mientras que el color del hilo deberá ser marrón oscuro cuando la tela a coser sea de este color.

✳✳✳ Adorno ✳✳✳

20 Para adornar el cuerpo, se corta una forma de corazón en una tela de color llamativo y que contraste con las telas utilizadas hasta este momento.

21 Se cose el adorno sobre la parte inferior frontal, ligeramente ladeada.

22 Así es como aparece ahora la parte frontal de nuestro oso panda.

✳✳✳ Montaje del cuerpo ✳✳✳

23 Se superponen las dos piezas del cuerpo de manera que coincidan perfectamente.

24 Se cosen las dos partes juntas por todo su perímetro, cuidando que los hilos que se utilicen a lo largo del recorrido coincidan con el color de la tela que se vaya cosiendo: blanco sobre blanco y marrón oscuro sobre marrón oscuro.

25 Al coser es preciso dejar un pequeño tramo abierto que servirá para el relleno.

26

Se rellena el cuerpo con abundante material para que el oso quede duro al tacto.

27

Una vez hecho el relleno, se distribuye el material embutido de manera que dicho relleno quede uniforme, sin que se produzcan huecos ni prominencias. A continuación se cose el pequeño tramo que se había dejado sin coser.

✳✳✳ Detalles finales ✳✳✳

28 Así es como aparece nuestro oso en este momento.

29 Se coge la nariz (un botón oscuro, a tono con el marrón oscuro del oso panda), se le coloca una pequeña cantidad de silicona...

30 ... y se pega sobre el extremo superior de la línea bordada en los pasos 7 y 8.

31 También con silicona se pegan los ojos.

32 Con puntada invisible se cosen las orejas en su lugar.

33 Con un poco de rubor se resaltan las mejillas.

34 Esta es la foto de nuestro oso panda, ya terminado.

Se presenta en este capítulo la confección de una serpiente muy vistosa y atractiva por su variado colorido, pero precisamente en esta característica reside su dificultad. El hecho de tener que juntar y montar varias piezas, aun siendo rectangulares, pero que deben quedar dispuestas regularmente y con las costuras bien ordenadas, no es tan sencillo como puede parecer a simple vista. Exige atención antes de coser y mucho cuidado a la hora del montaje y encaje de cada elemento.

Esta imagen muestra una serie de materiales y útiles necesarios para la realización de la serpiente que se propone en este capítulo.

Este es un dibujo esquemático de la serpiente que se va a realizar. Los patrones de las piezas que se necesitan para su realización se encuentran en la hoja 1, cara 1, dibujados en color violeta.

✴✴✴ Montaje de las piezas que forman el cuerpo ✴✴✴

1 Se cortan seis piezas de forma rectangular, de 15 x 25 cm, en telas de colores diferentes.

2 Se presentan las piezas unas junto a otras, combinando los colores de manera que el conjunto resulte lo más llamativo posible.

3 Se unen las piezas, cosiéndolas por el lado más largo y...

4 ...formando primeramente parejas de dos piezas.

5 Después se cosen dichas parejas de manera que en su conjunto formen una larga banda multicolor.

✴✴✴ Cabeza ✴✴✴

6 Para la cabeza se cortan dos piezas, siguiendo la referencia del patrón.

7 Se acomodan las dos piezas de la cabeza, superponiéndolas y cuidando que coincidan exactamente.

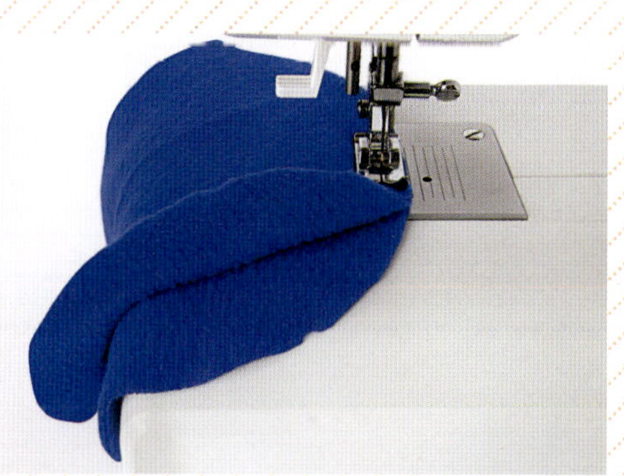

8 Luego se cosen a máquina por todo su perímetro...

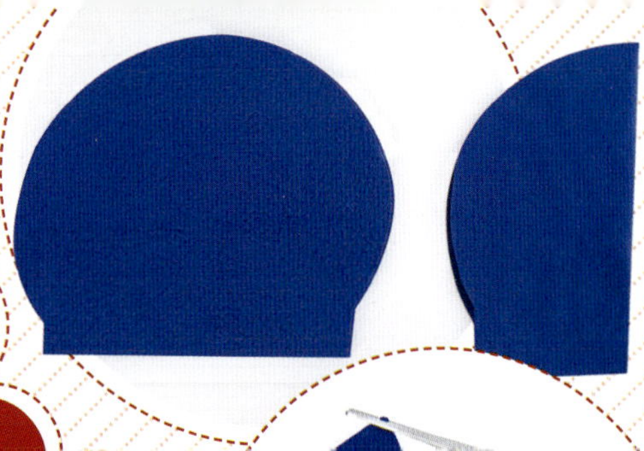

Antes de unir las dos piezas de la cabeza, se recomienda doblarlas por la mitad. Luego se practicará un pequeño corte en cada extremo de la línea del doblez, que servirá como referencia para que el trabajo quede mejor.

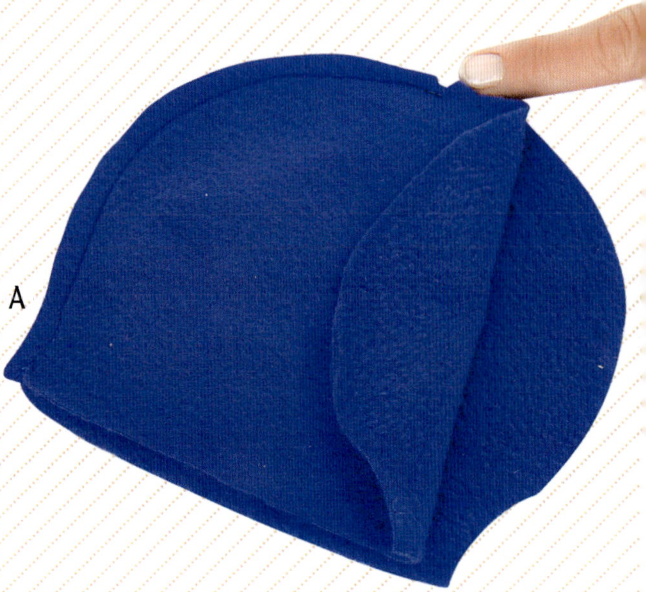

9 ... y se cose desde la punta izquierda (A) hasta donde señala el dedo. De esta manera se podrá abrir más fácilmente el elemento y se podrá colocar sobre el rectángulo verde para coserlo con este.

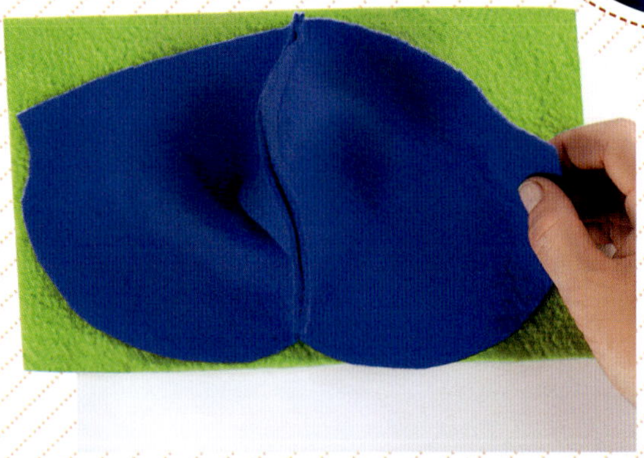

10 Una vez hecho el cosido, se abren las piezas de la cabeza y se colocan sobre uno de los rectángulos cortados en el paso 1.

11 Se une la cabeza con la pieza rectangular cosiéndolas a máquina.

12 Una vez hecha la unión y vista la cabeza por el derecho, se verá así.

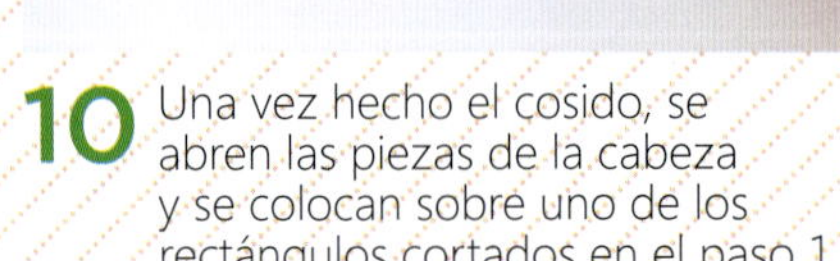

13 Ahora se une la cabeza con la hilera de piezas correspondientes al cuerpo.

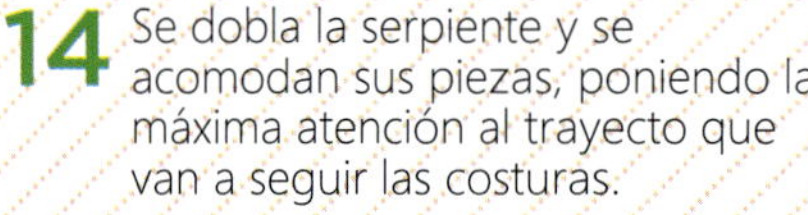

14 Se dobla la serpiente y se acomodan sus piezas, poniendo la máxima atención al trayecto que van a seguir las costuras.

15 Una vez asegurada la combinación y el encaje de todas las piezas, se cose a máquina en todo el largo, desde la cabeza hasta la cola de la serpiente; esta última se dejará sin coser.

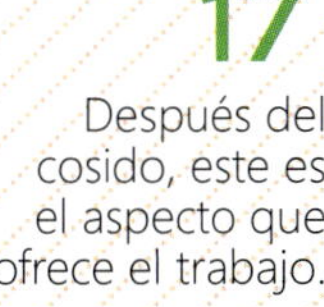

17 Después del cosido, este es el aspecto que ofrece el trabajo.

16 Debe asegurarse de que la línea de las costuras queda recta y regular.

18 Utilizando la zona de la cola que se dejó sin coser, se da la vuelta a todo el cuerpo...

19 ... cuidando que las costuras queden perfectamente volteadas.

Antes de unir las piezas del cuerpo a lo largo, será necesario asegurarse de que todo queda bien acomodado y las costuras forman una línea recta. Con ello, además de conseguir que las uniones queden perfectas, se logrará que el conjunto quede mucho mejor acabado y más atractivo.

20 Una vez volteada la serpiente, se repasan y acomodan las costuras para que todo el conjunto quede bien presentado y uniforme.

21 Así es como debe verse nuestra serpiente en este momento.

*** Relleno ***

22 Utilizando la abertura de la cola, se rellena la cabeza con material en abundancia, de manera que quede muy dura.

23 Una vez rellenada la cabeza, se realiza una costura con puntadas pequeñas y seguidas por toda la línea que delimita el cuello.

24 Después se tira del hilo para que se forme un recogido y quede bien marcada la separación entre el cuello y el cuerpo.

✳ 25 Ahora se rellena el cuerpo, pero, a diferencia de la cabeza, con menos abundancia de relleno, puesto que interesa que quede menos duro que la cabeza.

Cuando se vaya a rellenar un elemento (cabeza, brazos, cuerpo, etc.), tanto si interesa que quede duro como si se desea un elemento más blando, lo que de verdad importa es que el relleno sea totalmente uniforme. Por ello es imprescindible que, antes de dar la operación por terminada, se verifique bien que el embutido ha quedado distribuido regularmente.

26 A continuación se cose todo el perímetro de la punta de la cola con puntadas muy cortas.

27 Después se tira del hilo para cerrar la cola con un recogido y se remata bien para que dicho cosido quede fuerte.

28 Este es el aspecto que ofrece nuestra serpiente en este momento del proceso.

29 Para rematar la cola y, de paso, cubrir el cosido con el que se cerró, se corta una tira de 5 cm de ancho por 15 de largo y en uno de sus lados largos se practican unos cortes de unos 4 cm, separados entre sí no más de 1 cm.

30 A continuación, por el lado largo que no se ha cortado, se empieza a enrollar la tira.

31 Una vez enrollada toda la tira, se verifica con la punta de la cola para ajustar la medida de ambos elementos. En cualquier caso, el diámetro de la tira, una vez enrollada deberá ser igual o algo mayor que el agujero que presenta el final de la cola. El sobrante que quede en la tira se cortará.

32 Una vez ajustadas las medidas, se cose la tira enrollada para que no se desbarate.

33 Estos son los dos elementos a unir.

34 A continuación se une el remate de la cola, es decir, la tira con los cortes, y, enrollada, se cose al extremo de la cola de la serpiente.

35 Así aparece ahora nuestra serpiente.

A medida que va avanzando el proceso y se va viendo cómo queda y se acomoda la serpiente, debe cuidarse la caída de todo el conjunto del animal, sobre todo revisando bien el acomodo de las costuras.

36 Sobre una tela de color blanco se cortan dos círculos pequeños para representar las órbitas de los ojos.

37 Con silicona se pegan los dos círculos de los ojos, de manera que queden situados simétricamente.

38 También con silicona se pegan las pupilas de los ojos.

39 Con una pequeña bolita se forma la nariz, que también se pega en su lugar con silicona.

40 Para formar una pequeña lengüeta se corta una pieza de color rojo...

41 ... y se coloca, pegada con silicona, en su lugar.

42 Con ello se da nuestra serpiente por terminada.

Muñeco de nieve

Está claro que en un libro dedicado a los muñecos no podía faltar un muñeco de nieve. Por lo tanto, ahí va. El ejercicio que se presenta es simple de realización, pero sirve para ver la importancia que tiene trabajar la combinación de colores. El color blanco dominante en este caso es ideal para «atacarlo» con los colores rojo (gorro y bufanda) y negro (brazos y botones), a los cuales se ha unido un matiz de color naranja (nariz). Con semejante combinación, el atractivo del muñeco está garantizado.

En esta imagen se presentan un conjunto de telas, elementos y útiles necesarios para la realización del muñeco que se va a realizar en este ejercicio.

He aquí un dibujo esquemático del muñeco que se va a confeccionar en las páginas de este capítulo. Los patrones de las piezas necesarias se encuentran en la hoja 1, cara 2, en color verde claro.

✳✳✳ Montaje del cuerpo ✳✳✳

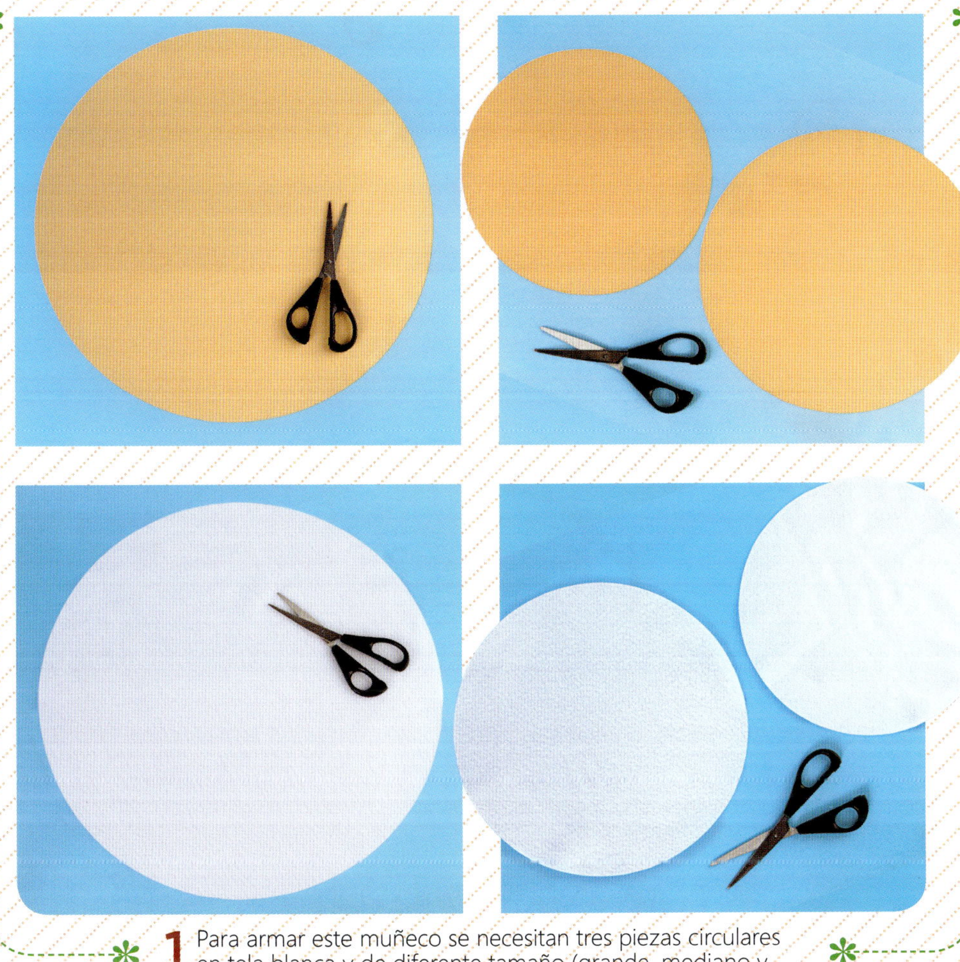

2 Se toman los círculos cortados y se cosen con puntadas pequeñas y seguidas en todo su perímetro. Se tira del hilo de las puntadas para formar un recogido, creando una especie de cavidad.

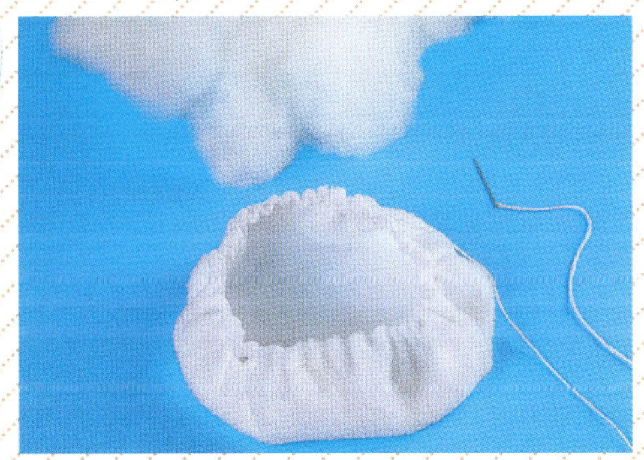

1 Para armar este muñeco se necesitan tres piezas circulares en tela blanca y de diferente tamaño (grande, mediano y pequeño), que se cortarán de acuerdo con sendos patrones.

3 Con algodón siliconado se rellena generosamente la cavidad, de manera que se forme una bola muy dura.

4 La acción se repite en las tres piezas circulares que se han cortado. Una vez hecho el recogido y rellenada cada pieza, se cierran bien las cavidades con un cosido y se remata para que quede firme.

Muñeco de nieve

5 Así es como deben verse las bolas que se han formado hasta este momento.

6 Para que cada bola quede mejor acabada, se cubre el área que ha servido para el relleno con sendas piezas circulares cortadas a medida y cosidas con puntada invisible.

7 A continuación se empieza a montar el muñeco, colocando primero la bola grande, que hará de base; se coloca sobre ella la bola mediana, y sobre esta, la pequeña.

8 Después de presentar las tres bolas, se cosen firmemente para que aguanten bien.

***** Gorro *****

9 Sobre tela de color rojo se corta una pieza rectangular de 40 x 25 cm.

10 Se dobla la pieza por la mitad a lo largo...

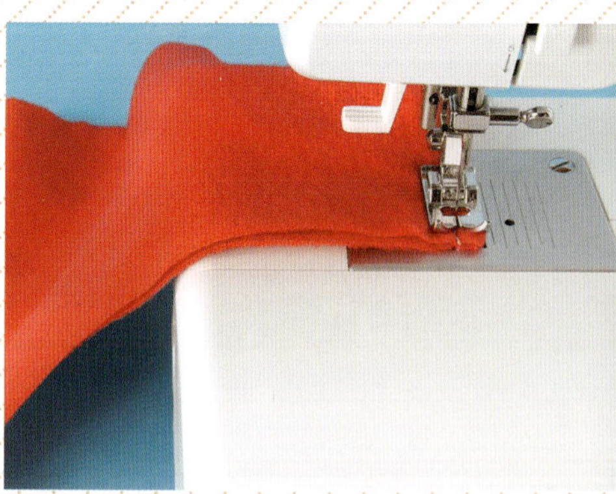

11 ...y se cosen los dos extremos que se han superpuesto con el doblado.

12 Se da la vuelta al elemento formado.

13 Con aguja e hilo se hacen unos hilvanes por el perímetro de una de las aberturas que se han formado con el cosido.

14 Se tira del hilo para hacer un recogido.

15 En el lado opuesto al recogido se hace un doblez de unos 5 cm de alto.

16 Con la misma tela del gorro se hace una bolita lo suficientemente grande para cubrir el agujero que ha quedado del recogido.

17 Se cose la bolita al agujero de manera que este quede totalmente cubierto.

18 Así es como ha quedado el gorro del muñeco.

✳ ✳ ✳ Bufanda ✳ ✳ ✳

19

Para la bufanda, sobre la tela de color rojo se corta una tira de 45 cm de largo por 5 de ancho. En sus extremos se practican una serie de cortes paralelos de unos 3 cm de profundidad y con una separación entre cada uno de 1 cm entre uno y otro corte.

20 Así debe verse la bufanda en este momento.

*** Montaje del gorro y la bufanda con el muñeco ***

21 Se coloca el gorro sobre la cabeza, procurando que quede bien acomodado.

Si bien cada cual puede elegir para el gorro y la bufanda el color de tela que estime conveniente, se recomienda utilizar para ellos una tela de la misma calidad y color, tal como se ha hecho en este ejercicio. Con ello el muñeco se verá mejor y más conjuntado.

22 Se coloca ahora la bufanda en el cuello del muñeco y se arregla para que el conjunto quede bien apañado.

*** Detalles de la cara ***

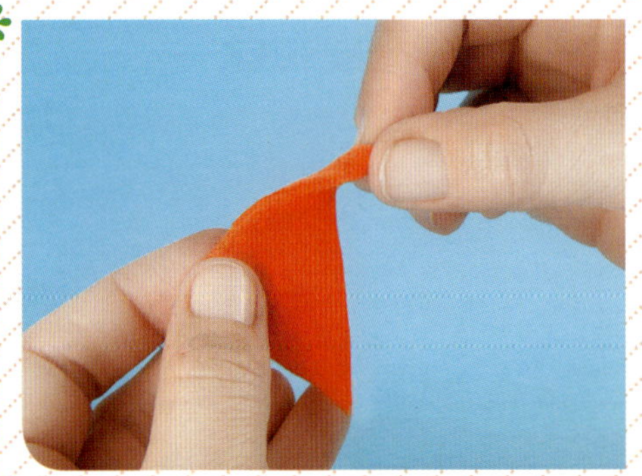

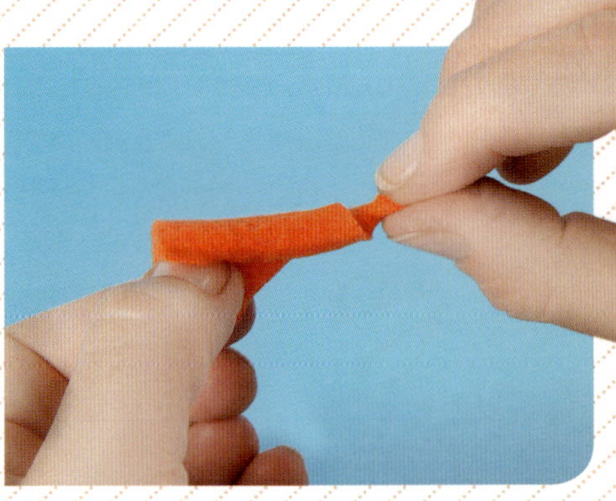

23 Para la nariz, se corta un triángulo de un tamaño proporcional a la cara y del largo que se desee.

24 Se enrolla el triángulo sobre sí mismo, tal como muestran las imágenes.

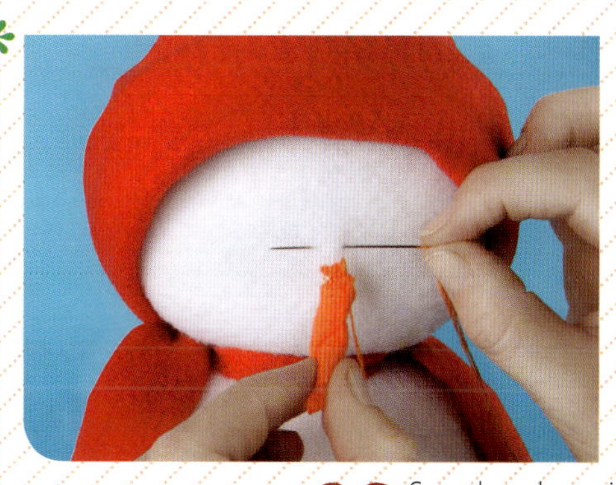

25 Una vez conseguida la forma de la nariz, se asegura con aguja e hilo para que no se deshaga.

26 Se coloca la nariz en su lugar, de manera que quede bien centrada, y se cose.

27 Para los ojos se utilizan unos botones circulares negros, que se pegarán con silicona.

28 Con botones parecidos a los que se han utilizado para los ojos se pegan los botones del vestido, que se distribuyen ordenadamente en línea y a una misma distancia uno de otro.

29 Este es el aspecto que ofrece el muñeco en esta fase del proceso.

✳✳✳ Brazos ✳✳✳

30 Para los brazos se utilizan alambres decorativos de color negro.

31 Para cada brazo se cortan cuatro alambres, tres de 15 cm de largo y uno de 20 cm.

32 Con los alambres del mismo tamaño se forma un haz que se enrollará con el más largo, dejando un extremo de unos 4 cm sin enrollar en los cuatro alambres.

33 Una vez el haz ha quedado totalmente enrollado, se separan y se arreglan los extremos libres de los cuatro alambres, incluido el que ha servido para enrollar...

34 ... de manera que queden más o menos tal como muestran las imágenes.

35 Con el desbaratador se abren unos agujeros a uno y otro lado de la bola mediana, correspondiente al cuerpo del muñeco.

36 Se rellena el agujero con silicona...

37 ... y, a continuación, se le introduce el extremo enrollado del brazo.

38 Se repite la operación para el otro brazo.

39 Y aquí está el muñeco de nieve tal como ha quedado

Ratón

He aquí un bodegón en el que figuran algunos de los materiales y herramientas necesarios para la realización del presente ejercicio.

Este es el dibujo esquemático del ratón que se va a confeccionar en el presente ejercicio. Los patrones necesarios para las piezas se encuentran en la hoja 1, cara 2, en color azul claro.

Este ejercicio constituye una buena demostración de cómo, con muy pocos elementos y un trabajo simple, se puede conseguir un muñeco simpático y atractivo. Todo ello, sin contar, claro está, con que su proceso de realización va a permitir pasar un rato agradable y disfrutar, viendo cómo poco a poco nuestro simpático roedor va tomando forma. Las felicitaciones y los parabienes que se recibirán por el resultado obtenido, sin duda merecidos, serán la guinda.

✳✳✳ Confección del cuerpo ✳✳✳

1 Se cortan dos piezas idénticas de tela con la referencia del patrón.

2 Las dos piezas se superponen, se ajustan para que coincidan exactamente y se cosen a máquina por todo su perímetro, dejando sin coser un pequeño tramo en la zona del cuello, que servirá para introducir el relleno.

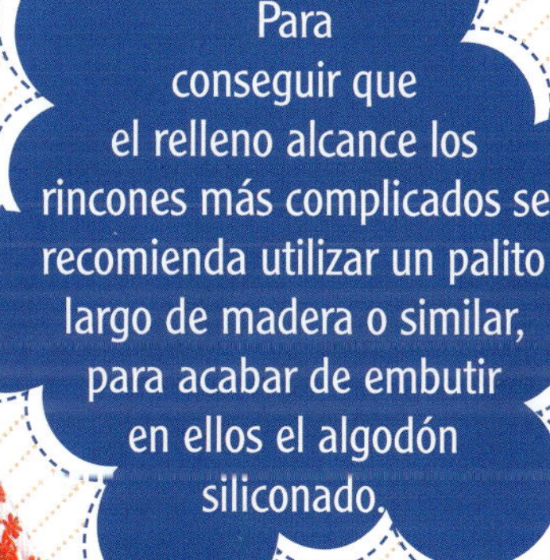

4 Una vez arreglados todos los ángulos y las costuras, la pieza del cuerpo aparece así.

Para conseguir que el relleno alcance los rincones más complicados se recomienda utilizar un palito largo de madera o similar, para acabar de embutir en ellos el algodón siliconado.

3 Una vez cosida la pieza, se le da la vuelta y se acomodan bien todos los rincones.

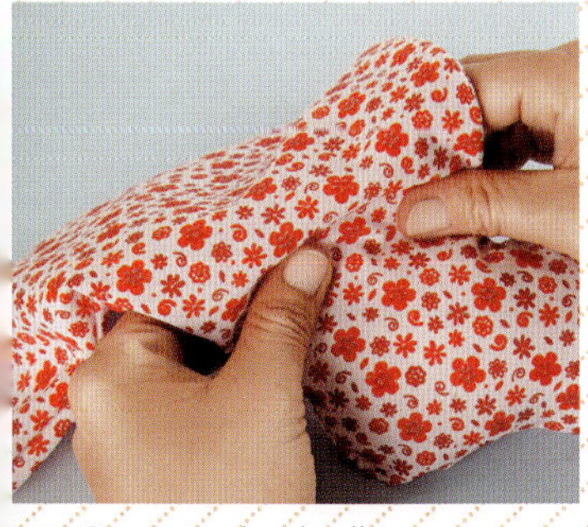

5 Se procede al relleno, empezando por los pies.

6 Cuando el pie está bien relleno, se cose en línea recta.

7 Una vez cosido, el conjunto debe verse de esta manera.

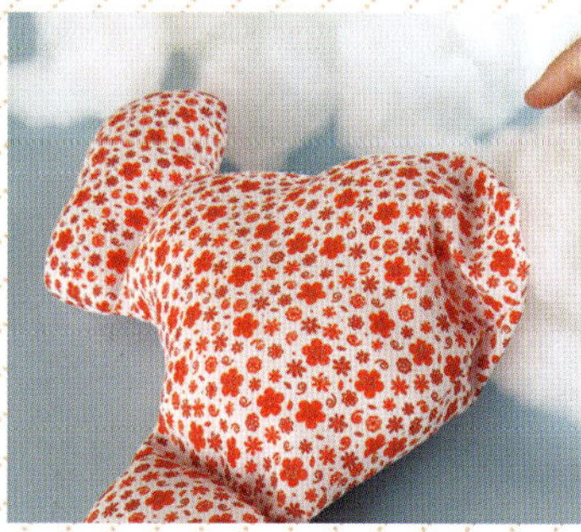

8 Después de rellenar y coser el otro pie, se rellena el cuerpo del ratón.

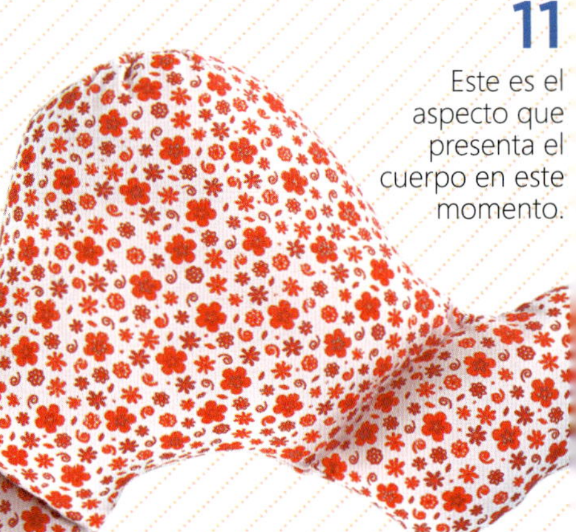

11
Este es el aspecto que presenta el cuerpo en este momento.

9 Cuando todo el cuerpo tiene relleno, se cose la parte del cuello por la que se ha introducido con puntadas pequeñas y seguidas, de manera que permitan un posterior recogido.

10 Se aprieta la costura hasta cerrar totalmente la abertura y luego se remata bien.

✳✳✳ Confección de la cabeza ✳✳✳

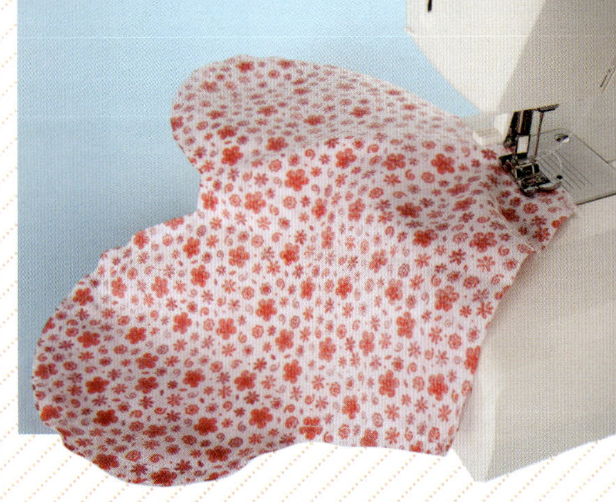

13
Una vez superpuestas y ajustadas, las dos piezas se cosen con la máquina en todo el perímetro, aunque dejando un pequeño tramo libre en la parte que corresponde al cuello, que servirá para introducir el relleno.

12 Para formar la cabeza se necesitan dos piezas idénticas, que se cortarán con la referencia del patrón correspondiente.

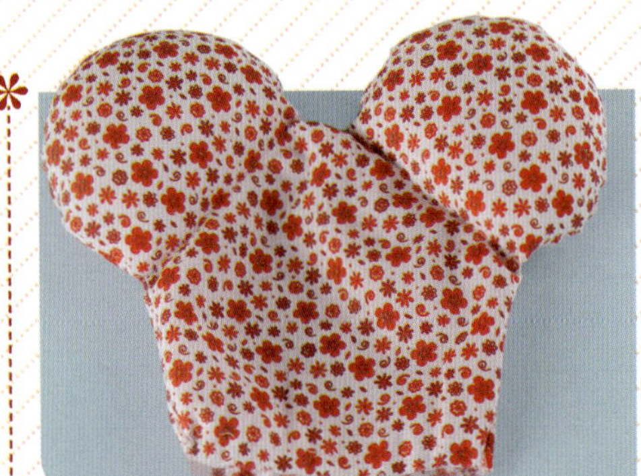

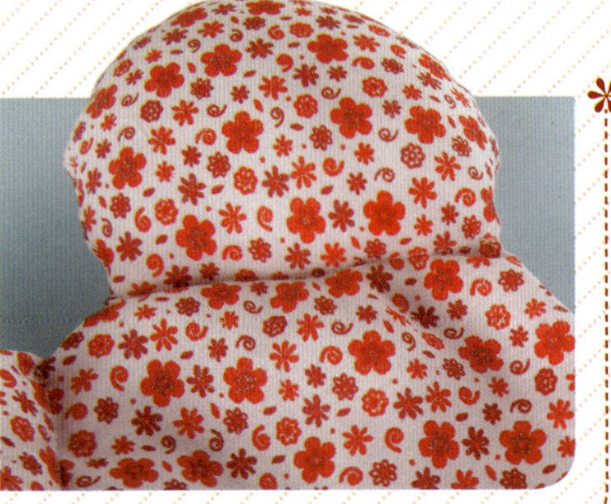

Cuando se cosan el pie, las orejas y las muñecas, será necesario asegurarse de que el recorrido del cosido queda totalmente recto; de lo contrario, cuando se vaya a rellenar el cuerpo, el error resultará muy evidente.

14 De manera parecida a como se procedió con el cuerpo, ahora se rellenan primero las orejas, después de lo cual se cosen en línea recta, para que queden bien diferenciadas del resto de la cabeza.

15 Se rellena la cabeza tratando de dejarla lo más parecida posible al cuerpo en cuanto a blandura o dureza al tacto.

16 Con puntadas seguidas se cose la abertura del cuello que se había dejado libre. Una vez terminado el cosido, se remata bien para que quede seguro y fuerte.

17 Este es el aspecto de la cabeza una vez terminada su confección.

✳✳✳ Confección de los brazos ✳✳✳

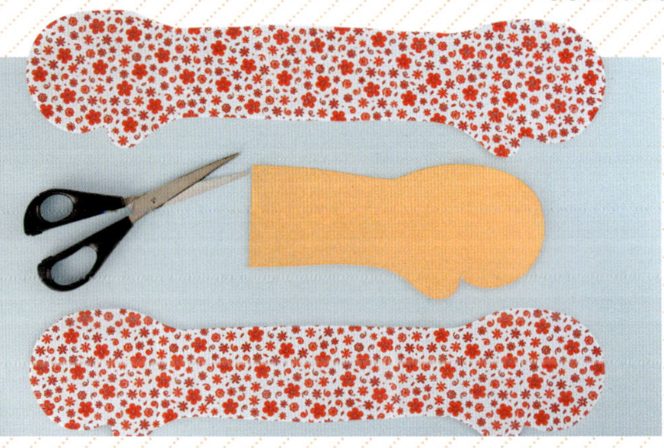

19

Como siempre, se superponen y se hacen coincidir las dos piezas, derecho contra derecho, y se cosen a máquina en todo su perímetro, dejando un pequeño segmento sin coser, que servirá para darles la vuelta.

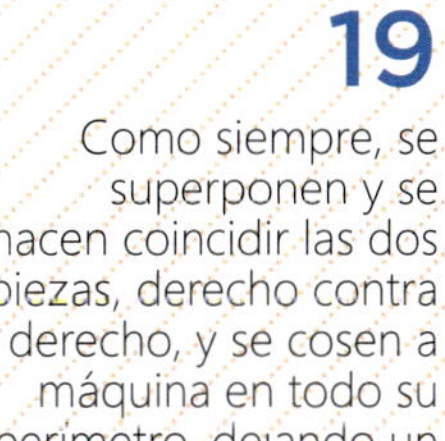

18 Para los brazos se dobla un trozo de tela suficientemente grande, se coloca sobre el patrón, se marca y se corta para obtener las dos piezas necesarias.

20 Una vez unidas las dos partes, se rellenan únicamente las manos, asegurándose de que el dedo gordo queda bien embutido y rígido.

21 A continuación se cose a máquina y en línea recta el límite de la mano, a la altura de la muñeca.

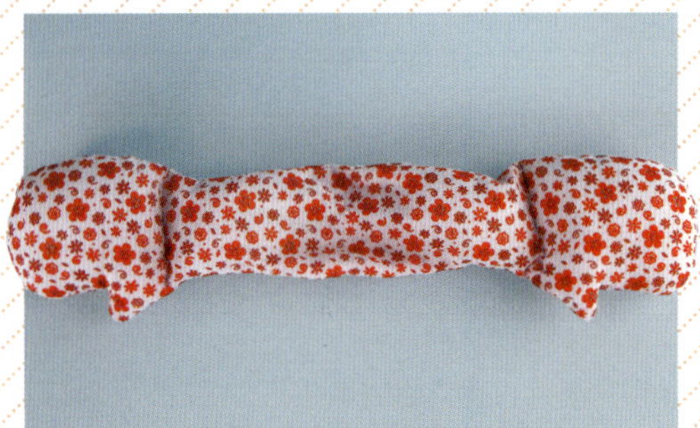

22 Observe cómo deben quedar los brazos, de los cuales sólo se han rellenado totalmente las manos.

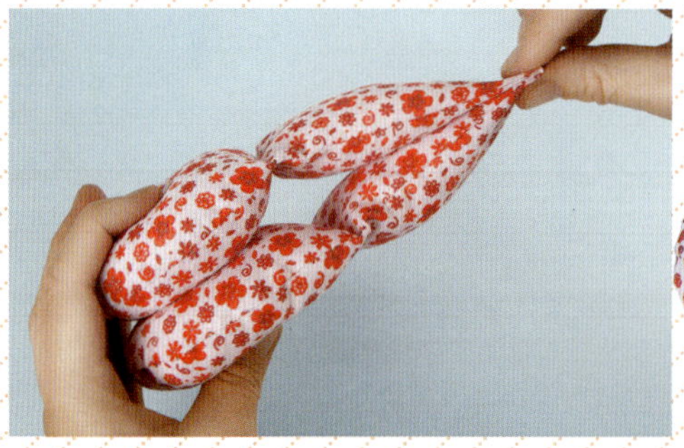

23 Se dobla la pieza de los brazos exactamente por la mitad.

24 Justo en la mitad de la pieza de los brazos se practica un recogido, de manera que dicha pieza quede dividida en dos partes iguales.

25 Se presentan aquí los tres elementos (cuerpo, cabeza y brazos) que se han trabajado hasta este momento.

Cuando cosa la pieza de los brazos al cuerpo del ratón, procure que los dedos gordos queden situados hacia arriba, de lo contrario el efecto final del muñeco quedará muy raro.

✳✳✳ Montaje del ratón ✳✳✳

26 Se cose la pieza de los brazos por su mitad en la zona del cuello del ratón.

27 Se cose la cabeza en la parte superior del cuerpo y se remata.

28 Este es el ratón ya totalmente montado.

*** Acabados ***

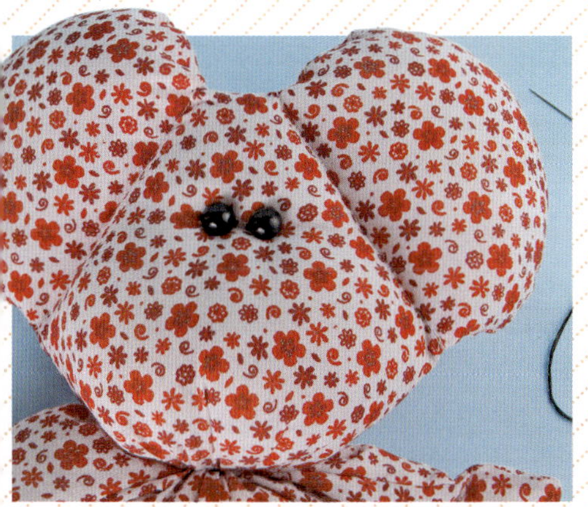

29 Para los ojos se van a utilizar un par de botones de color muy oscuro, para que resalten sobre la tela con la que se ha confeccionado el ratón.

30 Para el flequillo se coge un trozo pequeño de tela oscura de forma rectangular y con las tijeras se practican unos cortes estrechos y paralelos sobre uno de los lados largos.

31 Se estudia la colocación del flequillo sobre los ojos y entre las orejas.

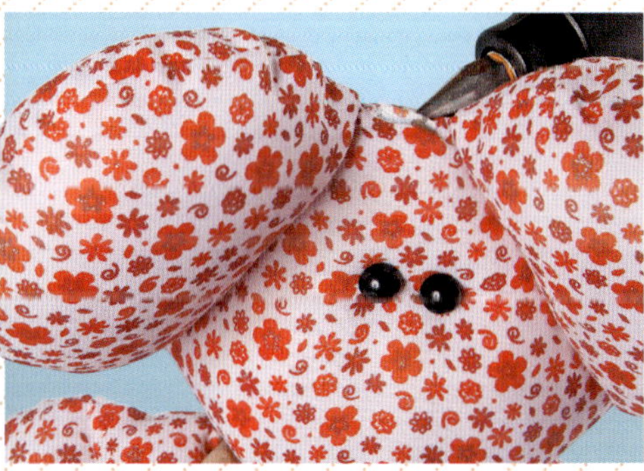

32 Se aplica una pequeña cantidad de silicona en el lugar donde se colocará el flequillo...

33 ... y se pega dicho flequillo.

Los acabados siempre suponen el remate final del trabajo. Nunca deben considerarse un factor menor, sino todo lo contrario. Un detalle bien elegido y colocado, un retoque oportuno y bien seleccionado van a aportar calidad, simpatía, atractivo. En definitiva, ser la guinda que culmine el éxito de lo que se ha realizado.

34 Con la tela del mismo color del flequillo se forma una bolita que va a servir para la nariz. Se le aplica un poco de silicona y se coloca en su lugar definitivo.

35

Con unos pocos puntos de hilo del mismo color de la tela del flequillo se dibuja la boca, en forma de V, para que el ratón aparezca sonriente.

36

Para la bufanda, se toma la medida y se corta la pieza necesaria sobre la misma tela que ha servido para el flequillo y la nariz.

37

A uno y otro extremo de la bufanda se practican unos cortes parecidos a los que se han hecho para el flequillo.

38

Se coloca la bufanda en el cuello del ratón y se anuda.

39

Este es nuestro ratón ya terminado.

Oso amarillo

Este ejercicio, no muy difícil de realizar, se va a aprovechar para ir conociendo algunas prácticas y la manera de proceder ante determinadas acciones. No es que sean cosas especialmente complejas, pero precisamente por ello sirve para llamar la atención sobre algo que, por no ser complicado, muchas veces se olvida: el cuidado que uno debe poner en todo aquello que se va realizando. La meticulosidad en las cosas pequeñas es, al fin y al cabo, lo que determina la calidad del resultado final.

Se presentan aquí varios materiales, herramientas y útiles que van a servir para la realización del presente ejercicio.

Este es el dibujo esquemático del oso amarillo que se va a realizar. Los patrones necesarios para su realización figuran en la hoja 1, cara 2, dibujados en color rojo.

✳✳✳ Confección del cuerpo ✳✳✳

1 Siguiendo la referencia del patrón correspondiente, se cortan dos piezas de igual tamaño.

2 Para el hocico se corta la pieza correspondiente, utilizando como referencia el patrón.

3 Se toma la pieza del hocico y se dobla exactamente por la mitad.

4 Con alfileres se marca el doblez que indica la línea media del hocico.

5 Para que la línea que se va a bordar quede recta, se marca previamente.

6 Se borda el hocico por la mitad con hilo de color marrón oscuro y muy grueso. Esto permitirá que el bordado se vea bien y dibuje de manera suficientemente clara la parte que interesa.

Cuando se vaya a hilvanar cualquier elemento que después se tenga que coser, se recomienda que para los hilvanes se utilice hilo de un color muy diferente al de la tela a coser, porque eso hará más fácil seguir la línea de los hilvanes cuando se realice el cosido.

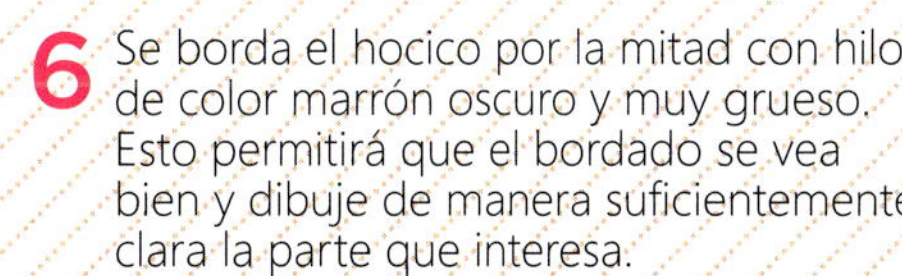

7 Se dobla por la mitad la pieza que servirá para la parte frontal.

8 Con alfileres se marca esta mitad.

9 Se coloca la parte del hocico de manera que la línea bordada quede situada sobre la línea que se ha marcado con alfileres.

10 Se corta la pieza en forma de media luna que se situará en la parte inferior...

11 ... y se coloca en el lugar al que va destinada.

12 A continuación se cose.

Antes de coser una pieza se recomienda primeramente presentarla, para asegurarse de que queda correctamente colocada en el lugar al que está destinada. Después será mejor fijarla con alfileres y finalmente se podrá coser sin miedo a que se haya podido mover.

✳✳✳ Nariz y adorno ✳✳✳

13 Se corta la pequeña pieza correspondiente a la punta de la nariz. Observe que esta pieza no es totalmente circular, sino que su parte inferior es ligeramente puntiaguda.

14 Se coloca esta pieza en el lugar correspondiente, de manera que la pequeña punta que forma en su parte inferior coincida con la línea bordada que divide en dos el hocico.

15 Este es el aspecto que ofrece nuestro trabajo en estos momentos.

16 Se corta ahora un motivo decorativo (un corazón) para adornar y romper ligeramente la uniformidad cromática de nuestro oso.

17 Se cose el motivo en la panza del animal, de manera que asome por su parte anterior.

Contrariamente a lo que se hace cuando se trabaja con otro tipo de telas, en la que se está trabajando ahora, que es de tipo fieltro y que, una vez cortada, no se deshilacha, la puntada deberá ser de filete.

✳✳✳ Relleno del cuerpo ✳✳✳

18 Una vez cosidas todas las piezas, se coloca la parte ya trabajada sobre la otra parte del cuerpo. Se hacen coincidir y se unen mediante un cosido que seguirá todo el perímetro de las dos piezas superpuestas, dejando una pequeña parte sin coser, que servirá para el relleno.

19

Se rellena la bolsa que se ha formado con el cosido de las dos piezas y, a continuación, se acaba de coser el fragmento que se había dejado abierto.

20

Este es el aspecto de nuestro oso en esta fase del proceso.

✳✳✳ Ojos y orejas ✳✳✳

21 Con la pistola de silicona se pegan los ojos en su lugar, teniendo como referencia la línea media del hocico y la nariz.

22 De la pieza de color amarillo se cortan cuatro trozos utilizando el patrón como referencia. Dos de ellos servirán para armar la parte anterior y los otros dos para la parte posterior.

23 También con la referencia del patrón correspondiente, se cortan las dos piezas de la parte central de las orejas, ahora en la tela de color rosa.

24 Se superponen los dos tipos de piezas de las orejas: la parte central (rosa) sobre la parte más grande (amarilla).

Cuando se vaya a coser, se debe actuar con cuidado y procurar que las puntadas sean lo más iguales posible, guardando escrupulosamente la distancia entre puntada y puntada y con el límite de la pieza. No hay que olvidar que siempre debe primar la calidad sobre el tiempo que se invierte en la confección de un muñeco.

 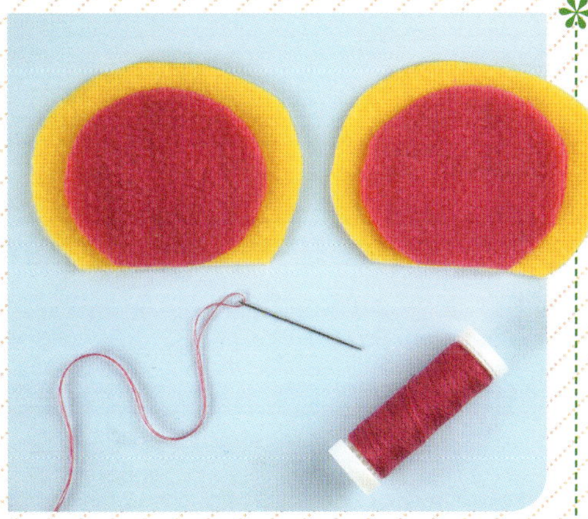

✳ **25** A continuación se cosen las dos piezas. ✳

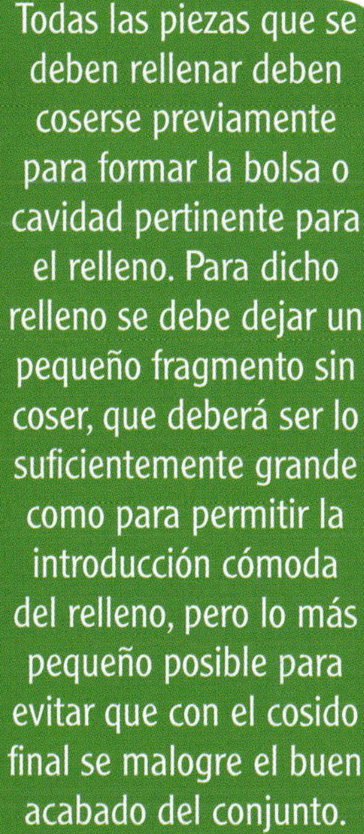

✳ **26** Una vez cosidas las piezas que forman la parte anterior de las dos orejas, se cosen con la pieza correspondiente a la parte posterior en todo su perímetro.

27 Se debe dejar una pequeña abertura sin coser para introducir el relleno.

28 Se rellenan las dos piezas de las orejas.

29 A continuación se cosen las aberturas que se habían dejado libres.

30

Se presentan las orejas, se verifica que su ubicación es la correcta y luego se cosen en su lugar definitivo.

31

Este es el aspecto de la cara con las orejas ya cosidas.

32 Para que nuestro osito quede mejor acabado, se le aplica rubor a uno y otro lado de la línea media del hocico.

Siempre que tenga que rellenar algo, primero debe decidir si desea que lo que va a rellenar quede muy tupido y duro o, por el contrario, interesa más obtener algo más blando y maleable. Una vez realizado el relleno, se deberá procurar que el material quede uniformemente repartido, evitando que se formen bolsas, huecos o prominencias. Un mal trabajo en este punto afeará considerablemente el aspecto final de nuestro muñeco.

33 Este es el aspecto que ofrece el rubor que se ha aplicado.

34

Con ello nuestro oso se da por terminado.

Uno de los aspectos que merecen especial atención en este ejercicio es el cuidado con que se debe actuar a la hora de armar los tres elementos principales (orejas, cabeza y cuerpo) para que nada distorsione. Pero también existen otros detalles que no deben pasarse por alto, como la uniformidad del relleno y que las costuras que unen los tres elementos principales sean regulares y queden bien acabadas.

En esta imagen se presenta un bodegón con materiales y herramientas que se van a utilizar para la realización del presente ejercicio.

Este es el dibujo esquemático de nuestro elefante. Los patrones que se necesitan para realizarlo figuran en la hoja 1, cara 2, dibujados en color violeta.

❋❋❋ Confección de las orejas ❋❋❋

1 Con la referencia del patrón correspondiente se cortan cuatro piezas iguales, dos para cada oreja.

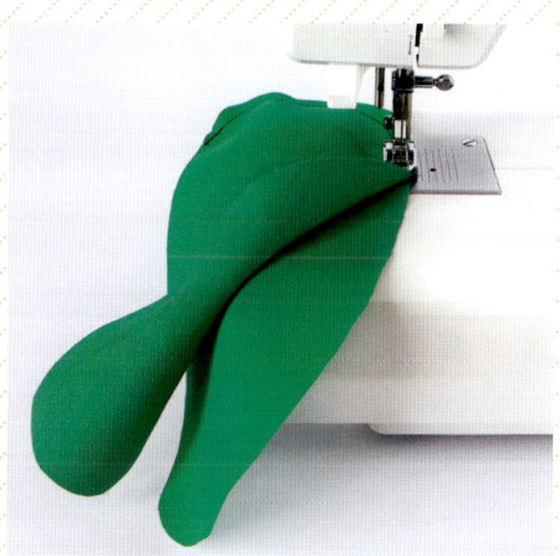

2 Se toman dos de las piezas cortadas, se superponen de manera que coincidan exactamente y se cosen a máquina...

3 ... aunque dejando sin coser el tramo recto que se señala en la imagen.

4 Se da la vuelta a las dos piezas cosidas y se sacan bien las costuras.

5 A continuación se plancha la pieza que se ha volteado.

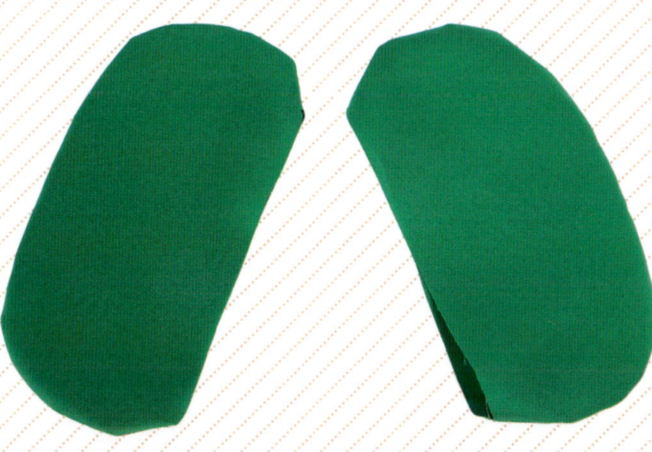

6 Así es como deben quedar en este momento las piezas que corresponden a las orejas.

Al juntar las dos piezas correspondientes, ya sea a las orejas o a la cabeza, no olvide hacerlas coincidir perfectamente antes de coserlas y también recuerde juntarlas de manera que los derechos de las telas se encaren. Así, el cosido se hará por las caras del revés y, una vez se volteen las piezas ya cosidas, la tela mostrará su derecho.

✳✳✳ Montaje de una mitad del cuerpo ✳✳✳

7

Con la referencia del patrón correspondiente, se cortan dos piezas iguales.

8

Se cortan también dos piezas para la cabeza.

9

Se toma una pieza del cuerpo y la oreja ya terminada y, antes de hilvanarla, se toma la medida sobre el cuerpo para saber exactamente cuánto se necesita recoger antes de acomodar los dos elementos (oreja y cuerpo).

10

Con aguja e hilo se dan unas puntadas a la oreja.

11
A continuación se tira del hilo por el lado que se indica en la imagen y se forma un recogido.

12
Se coloca la oreja ya hilvanada sobre la pieza del cuerpo en su lugar correspondiente, de manera que quede bien colocada.

Se explica la manera de conseguir una oreja, el acomodo de esta con una pieza del cuerpo y la añadidura de la pieza de la cabeza. Para la mitad que falta para completar nuestro elefante se debe proceder exactamente igual, siguiendo los mismos pasos.

13 Luego se cosen los dos elementos con la máquina.

14 Una vez terminado el cosido, se cortan los hilos de los hilvanes y se retiran.

Cuando se vayan a unir los tres elementos, es necesario actuar con cuidado, asegurándose sobre todo de que las costuras coincidan, tanto en la parte superior, correspondiente a la nuca, como en la inferior, correspondiente al cuello.

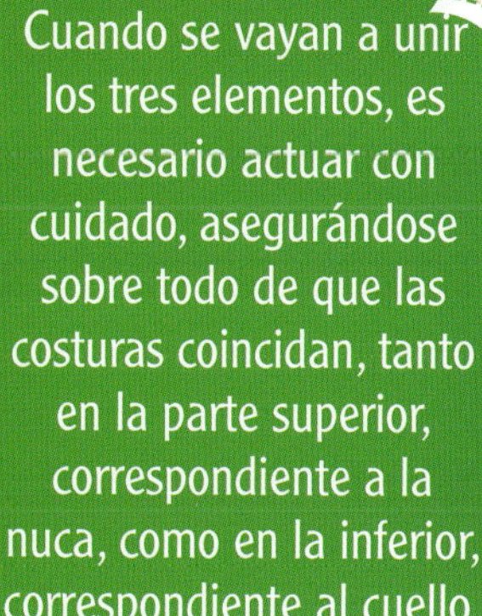

15 Así es como debe quedar nuestro trabajo en este momento.

16 Se coloca ahora la cabeza sobre el conjunto del cuerpo y la oreja.

17 Una vez asegurada la ubicación de los tres elementos (pieza del cuerpo, orejas y pieza de la cabeza), se hilvanan.

18 Una vez hilvanados los tres elementos, se revisan para comprobar que están bien colocados y se cosen a máquina.

19 Se retiran los hilvanes y se recomponen los tres elementos que se han cosido. Así es como deben aparecer.

✳✳✳ Montaje del cuerpo ✳✳✳

Al superponer los dos elementos del elefante debe prestarse especial cuidado a que cada uno de sus elementos (cuerpo, cabeza, orejas) coincida exactamente, quede a la misma altura y guarde la simetría con su correspondiente de la otra mitad. Con ello se evitará que el animal, una vez montado, aparezca deforme, y se asegurará que se va a sostener debidamente.

20 Una vez armadas las dos mitades del cuerpo, se colocan una sobre la otra de manera que coincidan exactamente.

21 Una vez asegurada la perfecta conjugación de los elementos, se hilvanan.

22 Una vez hilvanado, se revisa el trabajo para asegurar que todo está correcto. Luego se cose a máquina.

23 Una vez cosido y arreglado, el elefante debe verse así.

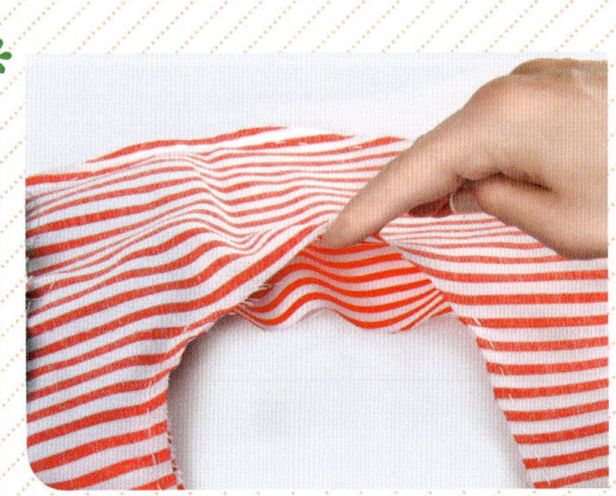

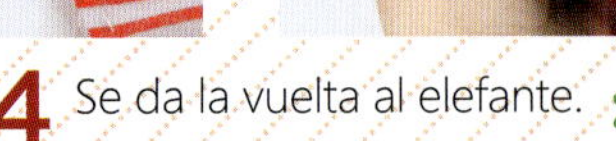

24 Se da la vuelta al elefante. ✳

25 Una vez volteado, se cuida que todo quede perfectamente acomodado, especialmente las costuras y las zonas más estrechas.

26 Así se debe ver nuestro trabajo en este momento del proceso.

✳✳✳ Relleno y acabado ✳✳✳

27 Por el hueco que se dejó en la panza se rellena el animal con abundante algodón siliconado.

Aunque sea sencilla, la acción de rellenar merece ser realizada con atención, pues hay que procurar que, una vez terminado el relleno, todo el material embutido quede uniformemente distribuido, evitando que se formen bolsas, por estar menos llenas o, por el contrario, aparezcan prominencias en áreas con exceso de material. Es un detalle que no debe pasar desapercibido.

28 Una vez verificado que todo está correcto, se cose el tramo que se había dejado sin coser para introducir el relleno.

Cuando vaya a aplicar silicona, especialmente si se trata de pegar elementos pequeños como, por ejemplo, los ojos, asegúrese de que la punta de la pistola de silicona está muy limpia. Ello ayudará a controlar mejor la cantidad de silicona a aplicar.

29 Nuestro elefante aparece así en este momento.

30 Finalmente se pegan los ojos con silicona, con cuidado de que queden situados simétricamente.

Como habrá podido observar, este ejercicio no parece especialmente complejo, pero, tal como comentábamos en su introducción, deben realizarse algunas acciones que necesitan una cierta atención y cuidado del detalle. No se canse de revisar una y otra vez los pasos que vaya terminando, observando aquello que ha hecho no con ánimo de admirar su trabajo, sino con el ojo crítico que sirve para encontrar errores, incorrecciones y aquello que podría haberse hecho mejor. No tenga prisa en este cometido. Verá de qué manera el resultado final se lo agradecerá.

31 Este es el resultado final de nuestro elefante.

Muñeco
triangular

He aquí una imagen con una serie de materiales y herramientas que se van a utilizar para la realización de este ejercicio.

Esquema del muñeco triangular que se va a realizar. Los patrones correspondientes se encuentran dibujados en marrón oscuro en la hoja 1, cara 2.

En la confección de este muñeco intervienen elementos y técnicas bastante diferentes unos de otros. No se trata de realizar algo muy difícil, sino todo lo contrario. Pero ello no debe ser excusa para no poner a cada elemento y a cada paso la debida atención. Consiste en cuidar bien cada acción y, sobre todo, atender a los detalles, pensando que cualquier defecto, por pequeño que parezca, puede echar a perder todo el conjunto.

✳✳✳ Confección de las orejas ✳✳✳

1 Se cortan cuatro piezas iguales siguiendo el patrón correspondiente.

2

Con las piezas cortadas se forman dos grupos de dos. En cada uno de ellos se superpone una pieza a su par, se hacen coincidir y se cosen a máquina, dejando un pequeño fragmento sin coser para el relleno.

3

Después se da la vuelta a las dos piezas formadas y se rellenan.

✳✳✳ Confección de los brazos ✳✳✳

4 Para los brazos se cortan cuatro piezas rectangulares.

5 Con ayuda del patrón y con lápiz, se marca el brazo sobre cada una de las piezas rectangulares.

6 Igual que se hizo en el paso 2, se forman dos grupos de dos. Se superpone una pieza sobre su par, se hacen coincidir y se cosen a máquina, dejando un pequeño fragmento sin coser para el relleno.

7 Una vez cosidas las piezas para formar los brazos, se corta el excedente de tela.

8 Una vez rellenos los brazos, es así como han quedado.

Es importante cortar los excedentes de la tela una vez cosidas las piezas que se van a rellenar. Con ello se evitará que dicho excedente moleste a la hora de rellenar y permitirá que el elemento, una vez relleno y cosido, quede mejor.

✳✳✳ Confección de las piernas ✳✳✳

9 Para las piernas se cortan dos rectángulos de cierta longitud y una anchura de unos 5 cm.

10 Se dobla el rectángulo por la mitad y se cose por el borde del doblez.

11 Una vez cosida la pieza rectangular, se le da la vuelta.

✳✳✳ Montaje del muñeco ✳✳✳

12 Con la referencia del patrón correspondiente se cortan dos triángulos.

13 Sobre una superficie plana se coloca una de las piezas del cuerpo y, sobre ella, en la posición que corresponda, se colocan las orejas.

14 Después de rellenarlos, se colocan los brazos en el lugar que corresponde y se aseguran con alfileres.

15

Se colocan las piernas en su lugar, todavía sin rellenar, y se aseguran con alfileres.

16

Así deben quedar todas las piezas colocadas sobre el cuerpo del muñeco.

17 Sobre la pieza en la cual se han situado los brazos y las piernas se coloca ahora la otra pieza triangular, pareja suya.

18 Una vez ajustadas las dos piezas se unen con hilvanes.

Cuando se coloquen los brazos, será necesario asegurarse de que los dos quedan situados a una misma altura.

19

Ahora las dos piezas se cosen a máquina.

21 Este es el aspecto que ofrece el cuerpo del muñeco en este momento del proceso, una vez cosido y retirados los hilvanes.

20

Una vez cosidas las dos piezas se cortan los hilvanes y se retiran.

Muñeco triangular

22 Se da la vuelta al cuerpo del muñeco y con cuidado se van sacando las piezas que había en su interior (orejas, brazos y piernas).

23

Se va colocando cada elemento, prestando atención sobre todo a las puntas, para que no queden ni arrugadas ni con bultos ni deformes.

Antes de proceder al relleno de ciertos elementos, se debe pensar qué aspecto se desea que tenga aquello que se va a rellenar, para decidir si dicho relleno debe ser más o menos abundante. Y no olvide: una vez hecho el relleno viene una parte muy importante, que es repartir y acomodar bien el material embutido para que el elemento que se ha llenado adquiera el mejor aspecto posible.

24

Así es como tenemos el trabajo en este momento.

  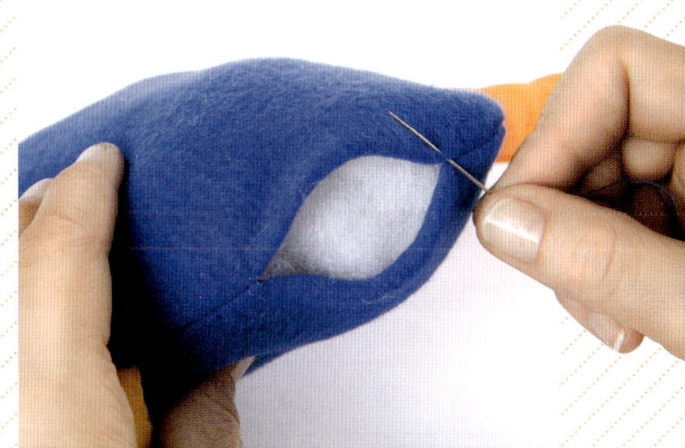

25 Se rellena el cuerpo del muñeco, pero evitando que quede muy apretado, porque ello impedirá que tenga las características que se le quieren dar en este caso: suavidad y volubilidad.

26 Se cose el fragmento que se había dejado abierto para el relleno.

27 Se rellenan las piernas, aunque no excesivamente.

28 Una vez rellenas las piernas, se doblan sus extremos inferiores hacia dentro (unos 5 mm) y se cosen con puntada invisible.

Cuando tenga que hacer coincidir y unir dos piezas que forman pareja, asegúrese de que se ajustan bien una con otra, para que el resultado final, una vez cosidas y rellenas, ofrezca el mejor aspecto. Cuide bien este tipo de detalles.

29

Así debe quedar el trabajo en este momento.

✳✳✳ Confección de los zapatos ✳✳✳

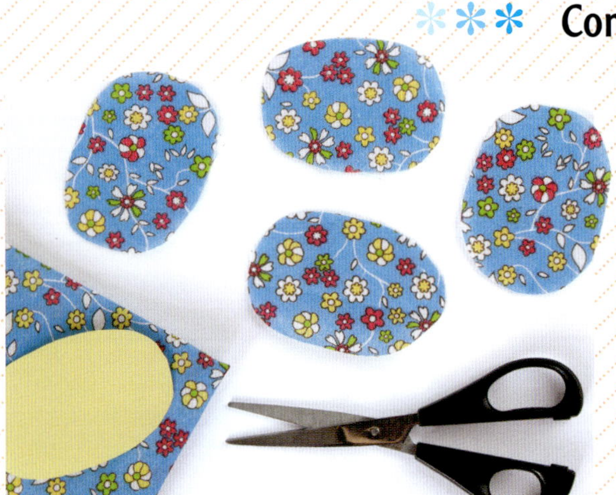

30 Para los zapatos se cortan cuatro piezas utilizando como referencia el patrón.

31 Se superponen y se juntan dos piezas derecho contra derecho...

32 ... y se cosen por todo su perímetro.

33 Se separan las dos piezas...

34 ... y se practica un pequeño corte en una de ellas.

Al realizar los cosidos después del relleno, para asegurar que dicho cosido no se vea y el elemento quede bien acabado, se recomienda utilizar siempre puntada invisible.

35 Se da la vuelta a las dos piezas cuidando especialmente las costuras, para que queden bien volteadas.

36 Luego se rellenan.

37 Una vez terminado el relleno se cose el hueco que se abrió.

38 Se cosen los zapatos en el extremo inferior de las piernas.

39 Observe cómo han quedado los zapatos una vez colocados en su sitio.

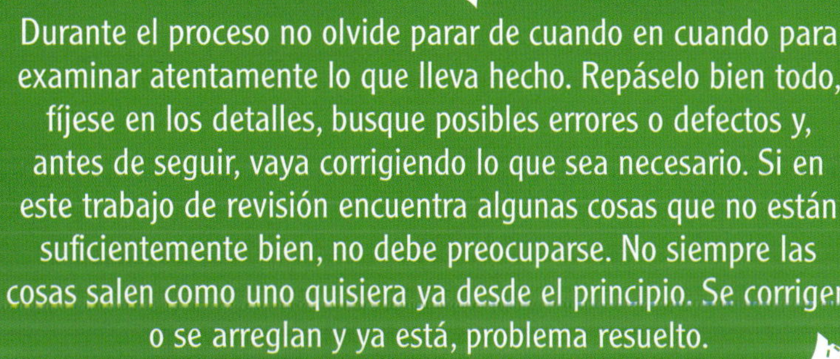

Durante el proceso no olvide parar de cuando en cuando para examinar atentamente lo que lleva hecho. Repáselo bien todo, fíjese en los detalles, busque posibles errores o defectos y, antes de seguir, vaya corrigiendo lo que sea necesario. Si en este trabajo de revisión encuentra algunas cosas que no están suficientemente bien, no debe preocuparse. No siempre las cosas salen como uno quisiera ya desde el principio. Se corrigen o se arreglan y ya está, problema resuelto.

✳✳✳ Detalles finales ✳✳✳

40 Este es el estado en que se encuentra nuestro trabajo en esta fase del proceso.

41 Se busca el punto exacto donde colocar la nariz. Primero se presenta para evitar situarla en un lugar equivocado.

42 Una vez queda claro dónde va a colocarse la nariz, se aplica una punta de silicona y se pega.

Tenga en cuenta que la manera en que combine las pupilas de los ojos con sus órbitas será lo que determine la expresión del muñeco. Por ello se recomienda que, antes de pegar estos dos elementos, se ensaye la mejor forma de combinarlos.

43 Para los ojos se cortan dos círculos en tela de color blanco, luego se estudia dónde van a colocarse las pupilas, de color oscuro, y después se pegan también con silicona.

44

Se representará la boca con una V, que irá bordada. Para ello se utilizará un hilo muy grueso para lograr que no quede excesivamente fina y apenas se vea. Para la ubicación de esta V se utilizará como referencia la posición de la nariz.

45

Una vez terminado el bordado de la boca, nuestro ejercicio se da por terminado.

Ratona

En este bodegón se presentan las telas y útiles necesarios para realizar el presente ejercicio.

En realidad son muy pocos los elementos que se necesitan para realizar esta ratona. Con sus lazos y encajes demuestra que es presumida y coqueta. Y el aspecto final no puede disimular su simpatía.

He aquí un dibujo esquemático de la ratona que se va a realizar. En la hoja 1, cara 2, se encuentran los patrones a tamaño natural, dibujados en color negro.

✳✳✳ Preparación ✳✳✳

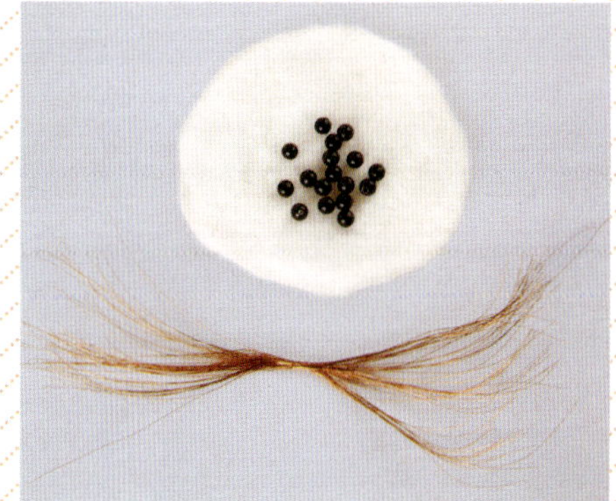

1 Se cortan las piezas necesarias para armar el animal, algunas de ellas según el correspondiente patrón y otras como muestra la imagen.

✳✳✳ Formación del cuerpo ✳✳✳

Al cortar cada pieza debe recordarse la necesidad de dejar un margen de 5 mm en todo el perímetro, que servirá para poder realizar correctamente el cosido.

2 Se cosen las piezas correspondientes a las orejas.

3 Se les da la vuelta y se rellenan.

4 Con alfileres y hacia dentro se aseguran las orejas en la parte superior del cuerpo de una de las dos piezas que lo van a formar.

5 Así es como deben quedar las orejas situadas en el cuerpo.

6 Se coloca la otra pieza destinada al cuerpo sobre la anterior, haciéndolas coincidir y cubriendo parte de las orejas.

7 Con la máquina se cosen el cuerpo y las orejas.

Antes de coser dos piezas iguales para formar un elemento, como en este ejercicio el cuerpo de la ratona, asegúrese de que ambas piezas coinciden perfectamente.

8 Se cosen las dos piezas del cuerpo en todo su perímetro, excepto la parte que corresponde a la base del cuerpo de la ratona.

9 Una vez cosido el cuerpo, se le da la vuelta.

✱✱✱ Relleno ✱✱✱

10 Debe asegurarse de que las orejas queden bien ubicadas.

11 Se introduce el relleno en el cuerpo, utilizando para ello el lado que no se había cosido.

12 Con hilo grueso se cose por el lado de la base y luego se realiza un recogido.

13 Se coloca la ratona sobre una superficie plana y con las manos se acomoda el relleno para darle la forma definitiva y conseguir que nuestro animalito pueda mantenerse en pie.

14 Para los ojos se utilizan unos botones pequeños y de color oscuro para que resalte con el de la tela del cuerpo.

Ojos, bigotes, nariz y delantal ✳✳✳

15 Se cose en su lugar correspondiente un pequeño haz de alambres finos de cobre para formar los bigotes.

16 Se cortan los bigotes a la medida adecuada, proporcionales a la cara.

17 Sobre los bigotes se coloca una bolita blanca de algodón perchado para representar la nariz.

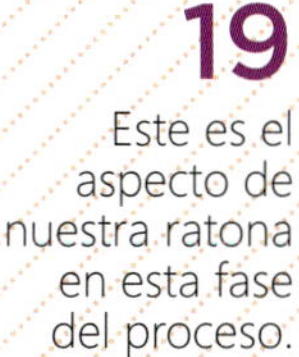

18 Se cose ahora el delantal en el lugar correspondiente.

19 Este es el aspecto de nuestra ratona en esta fase del proceso.

✳✳✳ Acabado ✳✳✳

20

En la parte inferior se pega una trencita que servirá como cola.

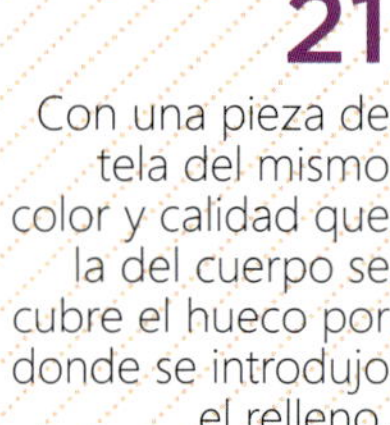

21

Con una pieza de tela del mismo color y calidad que la del cuerpo se cubre el hueco por donde se introdujo el relleno.

22 Se adorna el extremo de la cola con un lazo.

23 Se coloca otro lazo en la cabeza, centrado sobre la frente.

24 Así es como ha quedado nuestra ratona.

Pareja de búhos

Aunque en realidad vamos a confeccionar un solo búho, de hecho una hembra búho, siguiendo el mismo proceso y variando algunas proporciones y medidas se podrá conseguir el búho macho, con lo cual dispondremos de una pareja que vigilará día y noche la habitación donde decidamos colocarlos.

Estos son los materiales y utensilios que van a servir para realizar este ejercicio.

Este es el dibujo esquemático de nuestra pareja de búhos. Los patrones figuran en la hoja 2, cara 1 donde se han dibujado en color marrón oscuro.

✳✳✳ Formación del vestido ✳✳✳

1

Se corta una pieza en forma de triángulo isósceles, pero con el lado que forma la base un poco redondeado.

2

Para la parte delantera, en un color que contraste, se corta una pieza correspondiente a una tercera parte de la pieza cortada en el paso anterior.

✳ 3 Se unen las dos piezas cortadas por uno de sus lados rectos y se cose. Luego se repite la operación con el otro lado recto de las dos piezas. ✳

Antes de proceder al cosido de dos o más piezas, se recomienda presentarlas para asegurarse de que encajan bien y se acomodan correctamente.

4

Este es el aspecto que tienen las dos piezas una vez unidas y cosidas.

5 Se corta la parte superior, aunque sin tocar el hilo.

6 Se da la vuelta al montaje de las dos piezas.

7 Se presenta el vestido tal y como debe quedar, con la pieza de color claro bien centrada en la parte frontal.

8 Se dobla la punta superior hacia abajo, unos 5-6 cm.

9 En el punto donde se hizo el doblez, con hilo de un color que contraste y con puntadas largas, se cose. Esto servirá para evitar que el relleno que se hará se introduzca en la zona correspondiente a la cara del búho.

✳✳✳ Relleno del cuerpo ✳✳✳

10 Se plancha bien el triángulo que se ha formado con el doblez, partiendo de la línea que marca el hilo.

11 Con algodón siliconado se rellena la zona que corresponde al cuerpo del animal. Este relleno debe ser abundante para que, una vez embutido, el cuerpo quede muy duro.

12

Con aguja e hilo se va recogiendo la tela, cerrando todo lo que sea posible y rematando bien.

13

Utilizando la misma tela del cuerpo, se corta un círculo cuyo diámetro deberá ser 1 cm mayor que el agujero que se formó después del relleno.

14

Con puntada invisible se cose el círculo para cubrir el agujero que se formó en la base del búho.

Mientras vaya avanzando el proceso, no olvide de cuando en cuando detener el trabajo para revisar lo que se ha hecho. Y durante el trabajo, concéntrese en lo que está haciendo. No se trata simplemente de hacer un ejercicio, sino de hacerlo bien, con meticulosidad y cuidando todos los detalles. Eso será precisamente lo que dará valor y mérito a lo que haga.

16

Después de retirar el hilo de la cabeza del búho, el trabajo realizado presenta este aspecto.

15

Con una puntada discreta se cose la punta, o pico, al cuerpo del búho.

17 Se cortan dos círculos pequeños de color blanco, en cuyo centro se cosen dos bolitas negras, que representarán los ojos.

18 Con aguja e hilo se cosen los ojos en su lugar definitivo.

19 Con un patrón más alargado y menos ancho se puede obtener un búho de aspecto diferente. Gracias a ellos habremos conseguido una pareja, mamá búho y papá búho.

Muñeca de bolas

Uno de los aspectos en los que resulta más necesario insistir es en el cuidado de los detalles, como podrá constatar en el ejercicio que se presenta en este capítulo. Es un aspecto en el que no dejaremos de incidir, puesto que es muy importante. No es que lo que debe hacerse a lo largo del proceso sea especialmente difícil, pero son muchos los pasos a seguir. Ponga cuidado en cada uno de ellos. Actúe con atención. No tenga prisa. Fíjese bien en todo. Cualquier pequeño error puede echar a perder su trabajo.

✳✳ Confección del cuerpo *✳✳✳*

1 Para el cuerpo se corta una pieza circular.

2 Se hacen unos hilvanes en todo el perímetro de la pieza, a unos 5 mm del corte.

3 Una vez recorrido todo el perímetro, se tira del hilo para conseguir un recogido con el que se formará una cavidad, cuya boca se dejará abierta.

4 A continuación se rellena la cavidad con abundante algodón siliconado.

5 Una vez rellenada la cavidad, se empieza a coser la boca para que quede tapada y con el cosido firme.

Para asegurarnos de que nuestra muñeca quede bien y tenga un buen aspecto final, el relleno de las dos bolas, cuerpo y cabeza debe quedar muy regular y, además, muy duro. Con ello la muñeca será más consistente, se sostendrá mejor y tendrá una caída más convincente.

✳✳ Confección de la cabeza *✳✳✳*

6 Para la cabeza, con el mismo proceso seguido para el cuerpo, se corta una pieza de forma circular y de tamaño más pequeño.

7 Se hacen unos hilvanes por todo el perímetro y luego se hace un recogido.

Muñeca de bolas

8 Se rellena la cavidad que se ha formado con el recogido.

9 Se cose la boca de manera que el cosido quede muy fuerte.

✳✳✳ Confección de los brazos ✳✳✳

10 Con la referencia del patrón correspondiente, se cortan cuatro piezas iguales.

11 Se cosen las dos piezas de un brazo siguiendo todo el perímetro, dejando sin coser uno de los extremos, lo que servirá para dar la vuelta al brazo y rellenarlo.

12 Una vez cosidas, se da la vuelta a las dos piezas y se verifica que el volteado ha quedado regular y que las costuras quedan bien presentadas.

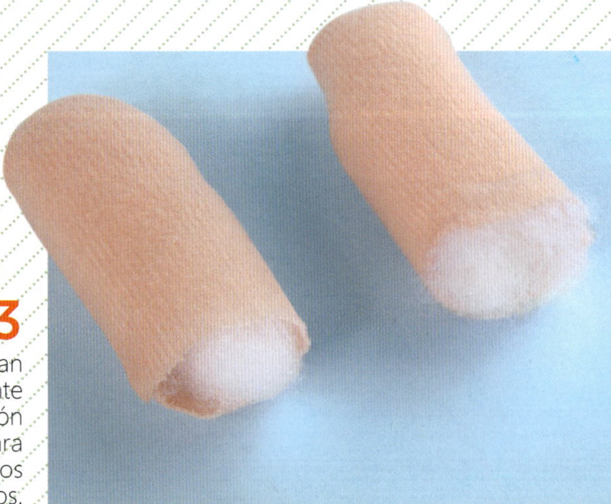

13 Se rellenan con abundante algodón siliconado para que los brazos queden duros.

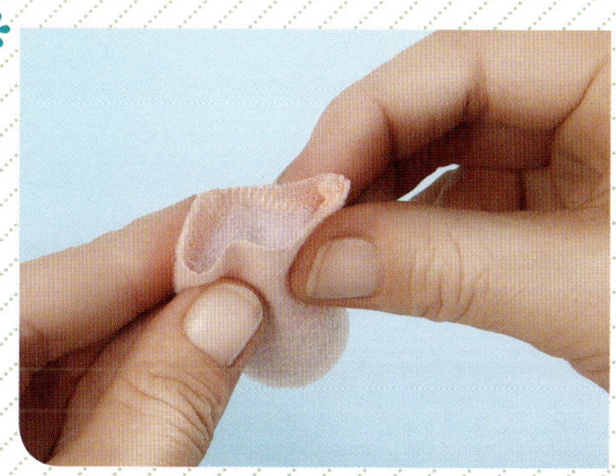

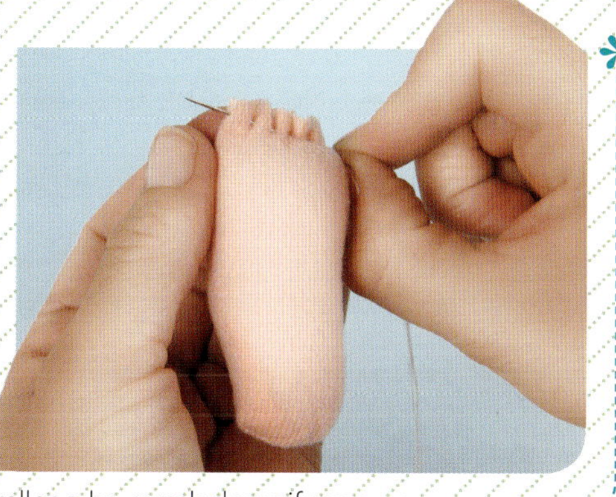

15 Este es el aspecto de los brazos una vez terminados.

14 Después de verificar que el relleno ha quedado uniforme, se cose ahora el extremo que se había dejado libre, primero con unas puntadas cortas y luego rematando bien.

✳✳✳ Confección de las mangas ✳✳✳

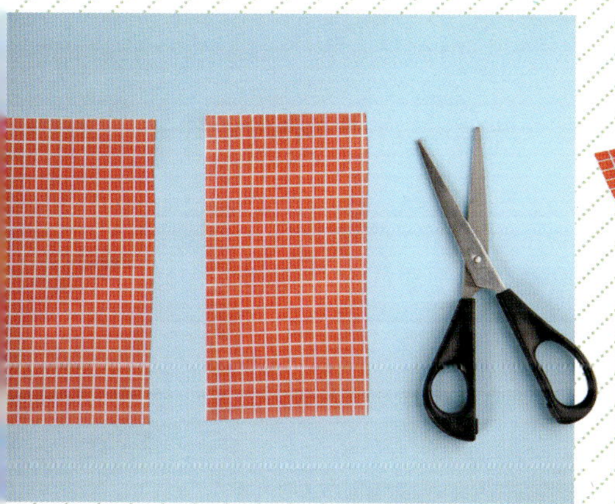

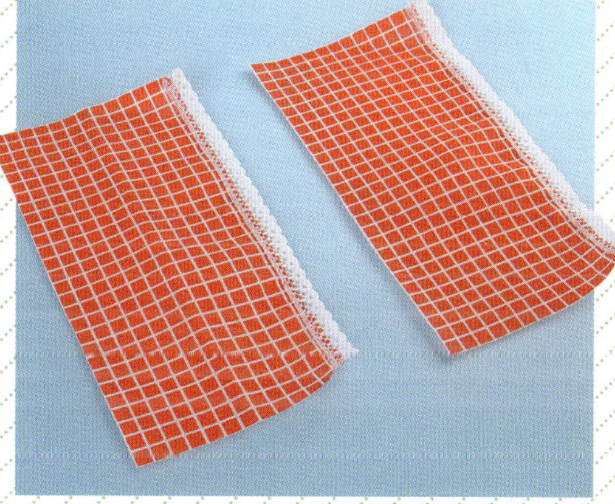

16 Para las mangas se cortan dos piezas rectangulares, de unos 8 cm de ancho por unos 16 cm de largo.

17 Se adorna uno de los lados largos con una banda de encaje.

18 Se dobla ahora cada una de las piezas por la mitad, de manera que se forme un cuadrado...

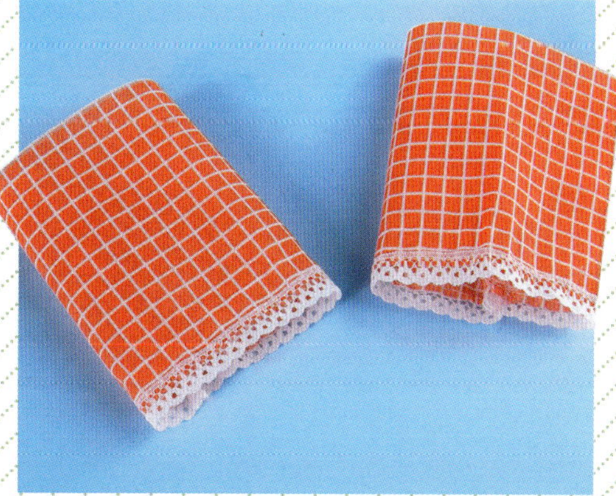

19 ... y luego se unen, cosiéndolos a máquina, los dos extremos opuestos al doblez.

20 Se da la vuelta a la pieza cosida...

21 ... y con aguja e hilo se dan unas puntadas muy seguidas a 1 cm del borde por todo el perímetro.

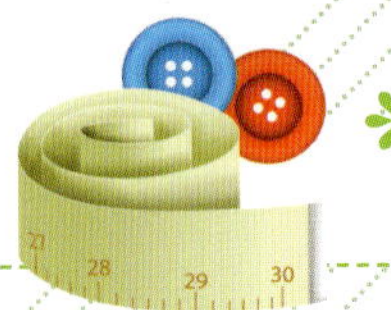

22 Se recoge el hilo para formar un recogido, pero sin tirar totalmente de él, puesto que ese recogido debe dejar un espacio libre.

23 Así es como deben quedar las mangas.

✳ ✳ ✳ Montaje de brazos y mangas ✳ ✳ ✳

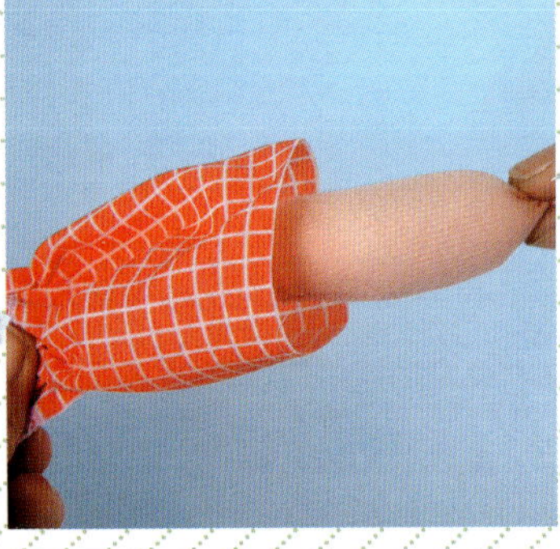

24 Estos son los brazos y las mangas tal como las tenemos armadas en este momento.

25 Se toma un brazo y se introduce en una manga tal como muestra la imagen.

26 Se saca el brazo 1,5 cm por el extremo de la manga, con lo que se representará la mano.

27 Así es como deben quedar los brazos con las mangas.

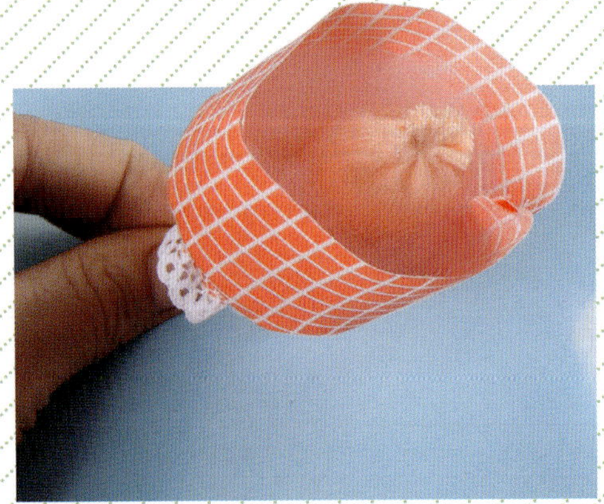

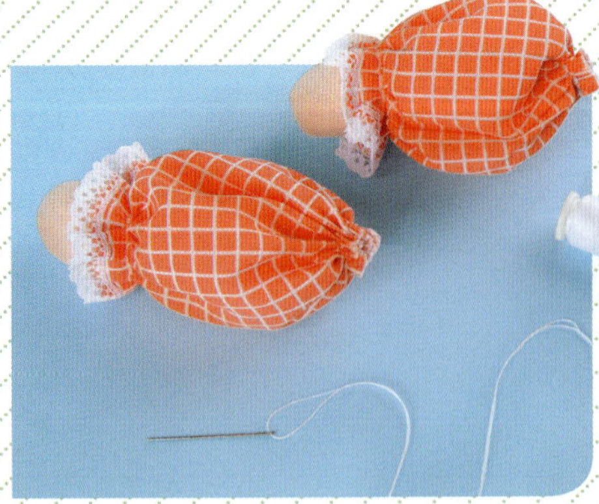

28 Se rellenan las mangas con un poco de algodón siliconado, lo que ayudará a dar forma al conjunto de los brazos.

29 Con aguja e hilo, a 5 mm del borde, se cosen unos pequeños hilvanes; luego se tira del hilo y se remata.

✳✳✳ Unión de los brazos con el cuerpo ✳✳✳

30 Se colocan los dos brazos (con las mangas) en su lugar correspondiente del cuerpo.

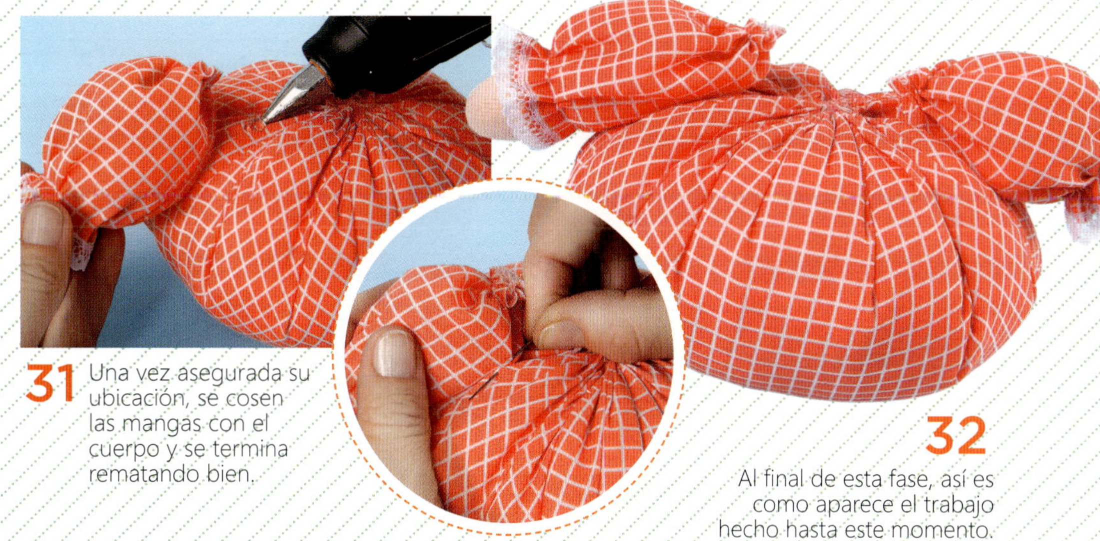

31 Una vez asegurada su ubicación, se cosen las mangas con el cuerpo y se termina rematando bien.

32 Al final de esta fase, así es como aparece el trabajo hecho hasta este momento.

✳✳✳ Confección de la cara ✳✳✳

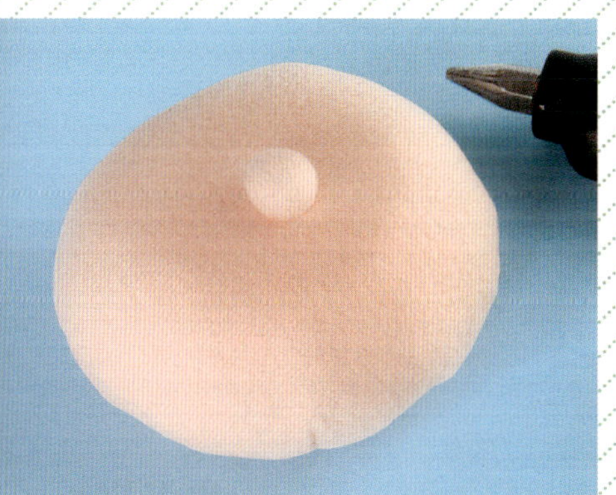

33 Con la misma tela de la cara se ha confeccionado una bolita que será la nariz. Luego, con silicona, se pega esa nariz en el centro de la cara. La nariz actuará como elemento central de referencia para la colocación de los demás elementos.

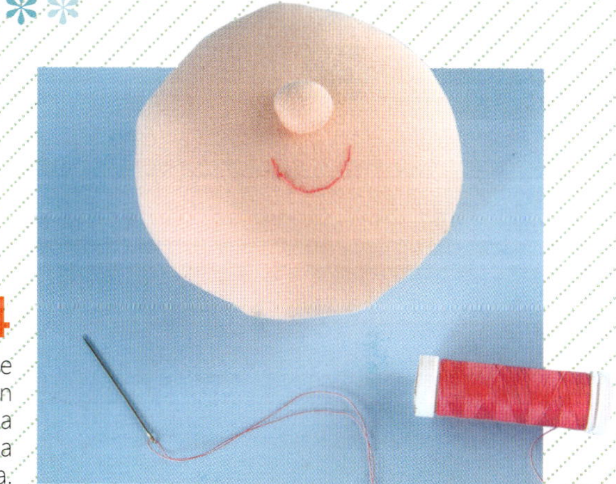

34 Con hilo que contraste con el color de la cara se borda una boquita.

35 Para los ojos se utilizan unas bolitas negras a modo de cuentas, que se colocan en su lugar.

36 Una vez terminada la cara, se acomoda con el cuerpo para verificar si todo lo que se ha hecho encaja y queda bien acomodado.

✳✳✳ Pelo ✳✳✳

37 Para el flequillo se enrollan en los dedos de la mano unas vueltas de lana, tantas como sean necesarias para lograr la cantidad de pelo que se desee. A continuación se retiran los dedos de la lana, se anuda la madeja formada por uno de sus extremos y se cortan los hilos de la madeja por el otro.

Tanto para obtener el flequillo como para el pelo, el sistema utilizado es siempre el mismo, aunque no así la longitud. Esta dependerá de lo largo que se desee el pelo en cada caso. De acuerdo con eso se deberá elegir una u otra medida para enrollar el hilo que servirá para formar el pelo.

38 Para el cabello, se toma la medida del largo que se desee. Esta medida se traspasa a una superficie dura (cartón, plástico, madera) y se empieza a enrollar en esta superficie el hilo de lana.

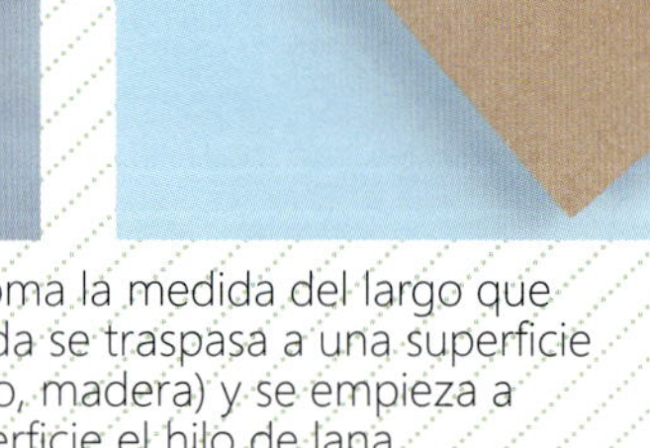

Antes de cortar el pelo se recomienda colocar cinta adhesiva en uno de los lados de la superficie dura en la que se ha enrollado el hilo, lo cual ayudará a que, a la hora de cortar el hilo por el lado opuesto, la lana no se desordene y además pueda utilizarse como guía a la hora de coserlo a máquina.

39 Una vez terminado el enrollado del hilo que se desea, se corta por uno de los lados.

40 Una vez cortado el cabello, se cose con la máquina y después se retira la cinta adhesiva.

41 Así deben quedar los dos elementos del cabello (pelo y flequillo) al final de esta fase.

✳✳✳ Montaje de la cabeza con el cuerpo ✳✳✳

42 Antes de pegar la cabeza con el cuerpo, se une el flequillo a la cabeza, cuidando que quede bien acomodado.

43 A continuación se cose la cabeza al cuerpo.

44 Se peina el flequillo y se corta a la medida adecuada.

45 Este es el aspecto de la muñeca en este momento.

46 Ahora, con silicona, se pega el pelo. Primero se pega desde la parte anterior de la cabeza, procurando que quede bien acomodado y combine con el flequillo. Mientras se va pegando en dirección a la nuca, se va actuando cuidadosamente para evitar correcciones posteriores.

47 Una vez acabado de pegar el pelo, se peina bien y se acomoda.

48 Se anuda el pelo que cae por cada lado para formar unas coletas.

49 Así aparece nuestra muñeca en este momento.

50 Con las tijeras se cortan las coletas a la medida deseada, siempre procurando que queden iguales por ambos lados.

51 Se cubren los nudos de las coletas con una cinta de agua fina.

52 Este es el resultado final de nuestra muñeca.

Puercoespín

Uno de los aspectos que a veces se olvidan es la importancia que tiene una buena elección de los colores de las telas. Esto es algo que hay que considerar y observar en el ejercicio que aquí se propone. Se ha procurado elegir para él unos colores variados y que contrasten entre ellos. Se ha optado por tonos intensos que den más vida y mayor juego cromático al conjunto, con el objetivo de que resulte muy llamativo.

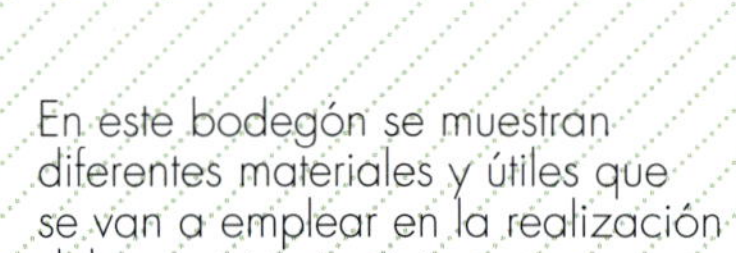

En este bodegón se muestran diferentes materiales y útiles que se van a emplear en la realización del presente ejercicio.

Este es el dibujo esquemático del puercoespín que se va a realizar en el presente capítulo. Los patrones de las piezas que se necesitan para su realización se encuentran en la hoja 2, cara 1, donde aparecen dibujados en color verde oscuro.

❊❊❊ Preparación de las telas ❊❊❊

1

Para el cuerpo se debe cortar una pieza circular grande, de acuerdo con la referencia del patrón.

2

Para la cara se corta también la pieza de forma semicircular que figura en la hoja correspondiente de patrones.

3

Para elaborar las patas se necesitan cuatro piezas circulares, que se cortan siguiendo la referencia del patrón.

4

Para armar las orejas se cortan dos piezas, siempre siguiendo la referencia del patrón.

❊❊❊ Confección de las orejas ❊❊❊

5 Se toma una de las piezas cortadas y se dobla por la mitad...

6 ... aunque de manera irregular, dejando en el extremo inferior un desajuste de unos 5 mm, tal como muestra la imagen.

7 Se asegura el doblez que se ha hecho con unas puntadas hasta 1 cm aproximadamente desde el extremo inferior de la oreja.

8 Este es el aspecto que ofrecen las orejas una vez terminadas.

✲✲✲ Confección del cuerpo ✲✲✲

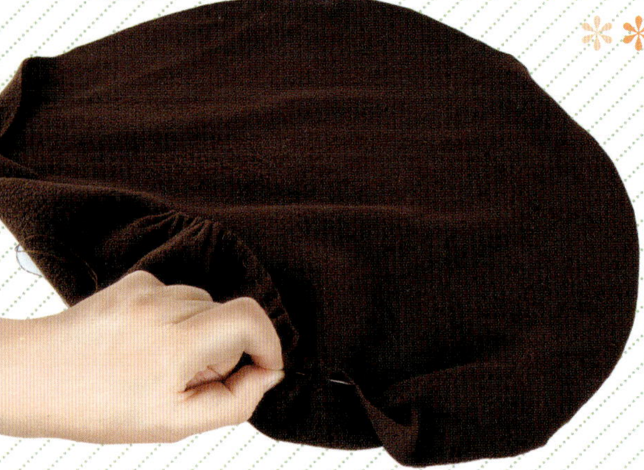

11 La cavidad que se ha formado con el recogido se rellena ahora con abundante algodón siliconado, puesto que interesa que el cuerpo quede muy duro.

9 Para armar el cuerpo se toma la pieza cortada en el paso 1 y se cose en todo su perímetro, a unos 5 mm de la línea del corte.

10 Una vez terminado el cosido, se tira del hilo para recoger toda la tela.

12 Como sea que el cuerpo del puercoespín es alargado, con las manos se modela la cavidad rellenada, para que adquiera una forma ovalada.

Una vez hecho un relleno, antes de darlo por terminado es necesario repasar bien la pieza embutida y acomodar el material lo que haga falta hasta conseguir que quede repartido de modo uniforme.

13 Una vez conseguida la forma deseada se cose la abertura de la cavidad, correspondiente a la panza del animal.

14 Para cubrir la costura se corta simplemente un trozo rectangular de la misma tela utilizada para el cuerpo.

15 Se toma la medida exacta de la zona a cubrir, se traspasa la tira rectangular cortada y se le redondean los extremos.

16 Se coloca la tira sobre la costura de la panza...

17 ... y se cose con puntada invisible.

El hecho de cubrir costuras y aberturas, como en este caso el área de cosido de la panza del puercoespín, además de tapar la zona y salvaguardar la estética, puede servir para crear un elemento decorativo. En este caso un centro, formado por la pieza que cubre, por debajo de la cual salen una serie de pliegues ordenados que forman el recogido.

✳✳✳ Confección de la cara ✳✳✳

18 Para la cara se toma la pieza que se cortó en el paso 2 y se dobla exactamente por la mitad.

19 Con la máquina se cosen los dos extremos unidos en el doblado.

20 Se da la vuelta a la pieza y se deja de manera que la línea del cosido quede como eje de simetría de la parte del semicírculo que se ha formado, tal como muestra la imagen.

21 A continuación se rellena el interior de la cabeza con abundante material.

La unión previa de la cabeza con el cuerpo que se realiza utilizando alfileres no tiene otro objetivo que, antes de coser las dos piezas, asegurar que encajen bien, sin que sobre ni falte nada para que la unión quede perfecta. Esto exige que, a medida que se van acomodando las dos piezas con alfileres, se actúe de forma que manualmente pueda irse guiando y propiciando dicho encaje. En ningún caso se deberá empezar a coser si antes no se ha verificado que el perfecto acomodo de los dos elementos está garantizado.

✳✳✳ Montaje de la cabeza y las orejas con el cuerpo ✳✳✳

22 La imagen muestra la situación en que se encuentran la cabeza y el cuerpo en este momento.

23 Tomando como referencia la costura que se hizo al formar la cabeza para que quede bien centrada, se unen los dos elementos (cabeza y cuerpo) con alfileres.

24 Sin mover los alfileres, se acomodan las orejas en su lugar sobre el cuerpo, procurando que queden dispuestas simétricamente. Una vez asegurada la colocación de las orejas, se apuntan también con alfileres.

✳ 25 Se cosen las orejas y la cabeza con el cuerpo con puntada invisible, de manera que la unión se note lo menos posible.

26 Una vez cosido, así debe quedar nuestro puercoespín.

27 Se toman los círculos que se cortaron en el paso 3 e, igual que se hizo al confeccionar el cuerpo, se hilvanan por todo su perímetro, dejando unos 5 mm de margen en relación con la línea de corte de la pieza.

28 Se tira del hilo para hacer un recogido y, con ello, formar una cavidad.

✳ 29 Se rellenan las cavidades con abundante material para que queden bien duras.

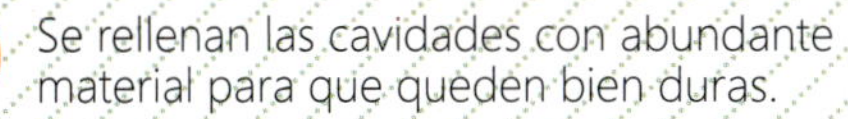

Puercoespín

30 Una vez terminadas las cuatro patas, se cose cada una en su lugar definitivo.

✳✳✳ Detalles finales ✳✳✳

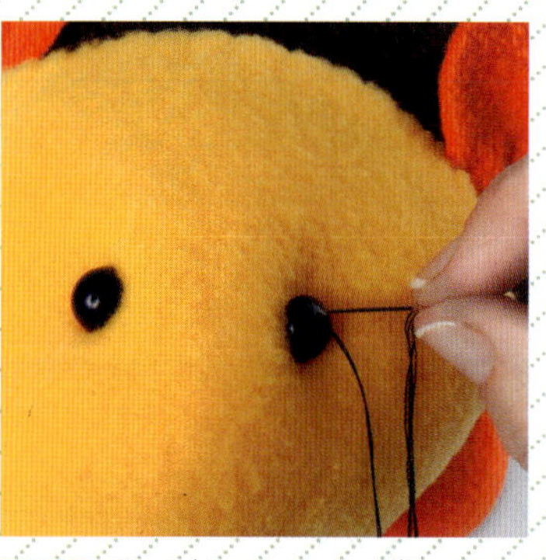

31 Esta es la situación en que se encuentra ahora nuestro puercoespín.

32 Para los ojos se utilizan un par de botones esféricos de color oscuro, a manera de cuentas, y se cosen, cuidando que queden simétricamente ubicados.

33 Con hilo grueso de color negro se borda la boca con los extremos de la línea que la dibuja ligeramente hacia arriba, de manera que esboce una sonrisa.

34 Para las púas del animalito se ha elegido una serie de alfileres con la cabeza de distinto color.

35 Se clavan los alfileres procurando que no queden demasiado juntos ni haya excesivos claros, y que los colores se vayan distribuyendo de modo que no coincida un mismo color en dos alfileres vecinos.

36 Después de dar un repaso general al trabajo realizado y de rectificar lo que sea necesario, se da el puercoespín por terminado.

Rana

Este ejercicio servirá para familiarizarse con técnicas imprescindibles para la confección de la rana: ajuste de piezas (cuerpo, cabeza, piernas, brazos, etc.), cómo coserlas y rellenarlas, trabajo de detalles y acabados, etc. Además de resultar un ejercicio variado y entretenido, es interesante aprender a dominar estos aspectos de uso permanente en la confección de muñecos. La práctica y la experiencia de cada cual pueden acabar de completar los conocimientos que aquí se van apuntando a lo largo del proceso.

En esta imagen se muestran las telas, los hilos y demás materiales y herramientas que se van a utilizar en la realización de este ejercicio.

Este es el dibujo esquemático de la rana que se va a realizar. Los patrones de las piezas que se necesitan para su realización se encuentran en la hoja 2, cara 1, donde figuran dibujados en rojo.

✳✳✳ Confección del cuerpo ✳✳✳

1 Con la ayuda del patrón correspondiente se cortan las dos piezas necesarias para el cuerpo.

2 Con la máquina de coser se unen las dos piezas que forman el cuerpo, dejando sin coser la parte superior.

3 Una vez cosido el cuerpo, se da la vuelta a la pieza resultante.

4 Se fricciona la tela con los dedos para sacar bien la costura.

5 Con algodón siliconado se rellena el cuerpo de la rana.

6 En este caso no se ha embutido mucho relleno porque interesa que la rana quede blanda y suave al tacto.

Antes de rellenar una pieza conviene tener claro el aspecto que se desea que tenga el elemento a embutir. Eso marcará la cantidad de relleno a emplear, más o menos abundante según se desee un elemento más duro o más blando.

✳✳✳ Confección de la cabeza ✳✳✳

7

Con la referencia del patrón se cortan las dos piezas que corresponden a la cabeza.

8

Se superponen las dos piezas y se cosen por todo su perímetro, dejando un pequeño tramo sin coser que servirá para introducir el relleno.

✳ 9 Se da la vuelta a la pieza cosida y se sacan las costuras, con especial atención a las que corresponden a los ojos.

10 Este es el aspecto de la cabeza en este momento del proceso.

11 Con aguja e hilo de un color que contraste se delimita el contorno de los ojos.

12 Así es como han quedado las marcas de los ojos.

13 En la cabeza se rellenan primero los ojos con abundante algodón siliconado para que queden bien voluminosos y apretados.

14 Se continúa rellenando la cabeza, aunque con menos material, para que quede blanda y contraste con la dureza y prominencia de los ojos.

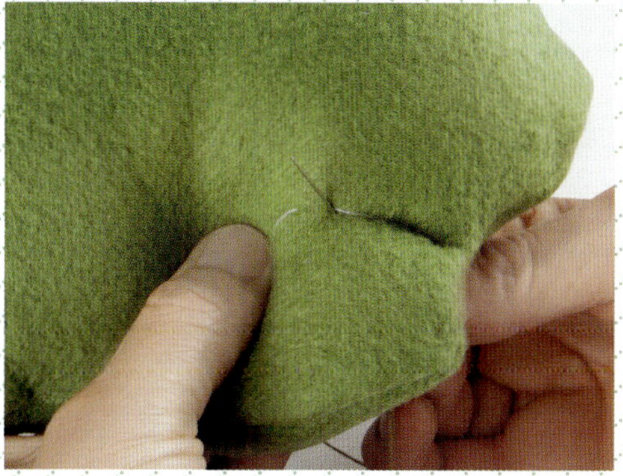

15 Con hilo del mismo color de la tela se cosen los ojos, siguiendo la delimitación que se marcó en el paso 11 con hilo más claro.

16 Cuando se ha acabado de coser los ojos, se retira el hilo más claro del hilván.

17 Terminado el trabajo de los ojos, se rellena bien la cabeza, de manera que quede apretada, lo que ayudará a que resalte más.

18 Para unir el cuerpo con la cabeza se utiliza un palito cilíndrico de madera de unos 15 cm.

19 Se introduce el palito en la abertura por la que se ha introducido el relleno en la cabeza, para que actúe como estructura de soporte.

20 Alrededor del palito se cose la abertura de la cabeza que se había dejado sin coser.

21 Con el relleno del cuerpo completado, se hilvana por la parte que corresponde al cuello.

Al cortar cada pieza debe recordarse la necesidad de dejar un margen de 5 mm en todo el perímetro, que servirá para poder realizar correctamente el cosido.

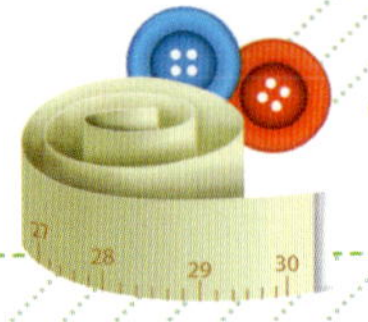

22 Una vez hilvanado todo el perímetro del cuello, se tensa y se recoge el hilo, dejando un pequeño hoyo en el cual se introduce el palito. Se aprieta alrededor con aguja e hilo y se remata.

23 Con puntada invisible se cose la cabeza al cuerpo a poder ser dos veces, para que quede más seguro y no se desbarate la rana.

24 Una vez unidos cabeza y cuerpo, este es el aspecto que ofrece el trabajo en este momento.

✳✳✳ Confección de brazos y piernas ✳✳✳

25 Los brazos y piernas se trabajan igual que la cabeza y el cuerpo, si bien las formas y proporciones son diferentes. Se cortan cuatro piezas que servirán para confeccionar estas extremidades. Se superponen, se ajustan y se cosen con la máquina.

26 Estas son las piezas ya cosidas en todo su contorno, excepto un pequeño tramo que servirá para el relleno.

27 Se da la vuelta a las piezas para que queden del derecho, cuidando de sacar bien los dedos.

28 Se rellenan bien las piezas de brazos y piernas.

29 Se completa el relleno de brazos y piernas para que queden tal como muestra la imagen.

30 Se dobla hacia adentro unos 5 mm el extremo superior y se ajusta.

31 Con aguja e hilo se cose el borde superior.

32 Se cosen brazos y piernas en su lugar correspondiente.

33 Se cosen los brazos al cuerpo de la rana, cuidando de que queden bien rematados.

34
Así queda la versión A de la rana, con los brazos abiertos.

35
Esta es la versión B, con los brazos caídos.

Los brazos pueden terminarse de dos maneras diferentes, según se desee presentarlos abiertos (imagen A) o hacia abajo (imagen B).

✺✺✺ Acabados ✺✺✺

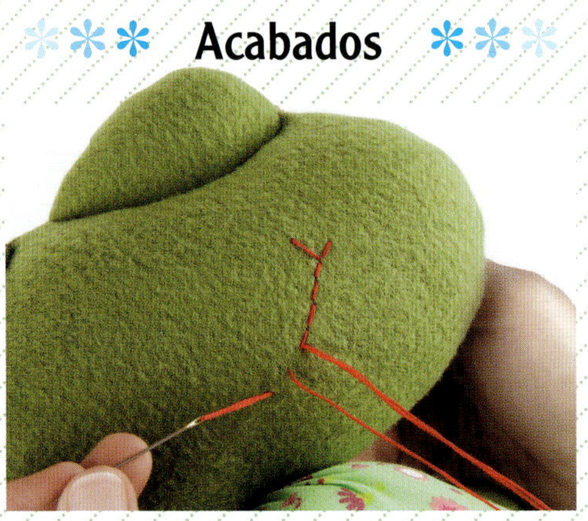

✳36 Con puntada seguida se borda la amplia boca, utilizando para ello un hilo de color rojo y bastante grueso para conseguir un mejor contraste.

37 Se cortan círculos en tela de color blanco proporcionales a los ojos...

38 ... y con silicona se pegan en su lugar, cuidando de que los dos queden situados a la misma altura.

39 También con silicona se pegan las pupilas.

40 Con cinta de agua de color rosa se realiza un gran lazo.

41 Se coloca el lazo en el cuello de la rana.

42 Este es el aspecto final de nuestra rana.

Burrito

Dibujo esquemático del burrito que se va a confeccionar. Los dibujos de los patrones, en color negro, se encuentran en la hoja 2, cara 1.

El presente ejercicio es un poco largo y consta de diferentes fases, en cada una de las cuales se confeccionará un elemento. De hecho el ejercicio se podría planificar como si se tratara de tres ejercicios independientes (cabeza, patas y cuerpo) y uno más dedicado a los detalles. A veces resulta práctico considerarlo así porque no se hace tan largo el proceso y ayuda a concentrarse en lo que se está trabajando en cada fase, lo que siempre redunda en una mejor calidad. En todo caso, no se debe trabajar desconcentrado, o con prisa o tensión por terminar pronto y sin tomarse el tiempo suficiente para detener el proceso y verificar lo que se lleva hecho.

******* **Confección de la cabeza** *******

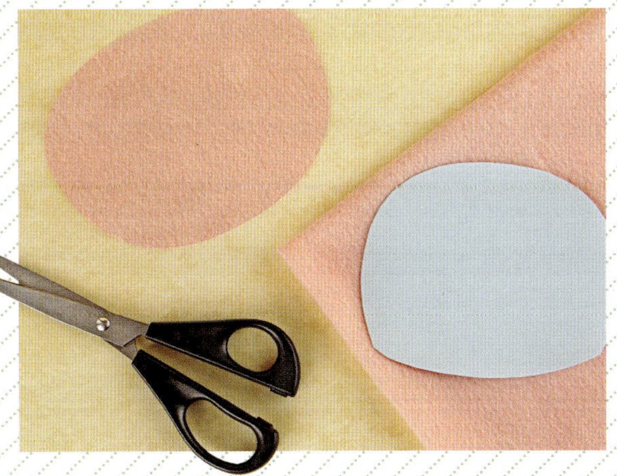

1 Para armar la cabeza, utilizando el patrón como referencia, se cortan dos piezas iguales para la parte superior. También se corta una pieza de color piel para la parte inferior de la cara con el morro.

2 Estas son las tres piezas que se han cortado.

3 Sobre la superficie de trabajo se coloca la tela que ha servido para la parte superior y, sobre ella, la pieza circular correspondiente a la inferior, tal como se muestra en la imagen.

Conseguir que las tres piezas superpuestas coincidan exactamente a veces puede resultar complicado. Para ello es necesario actuar con calma y atención y, una vez logrado el objetivo y antes de coser, las piezas pueden asegurarse con alfileres para evitar que se muevan.

4 Sobre las dos piezas anteriores se coloca la otra pieza de la parte superior, de manera que las dos superiores, además de coincidir exactamente, queden dispuestas derecho con derecho.

5 Se cosen a máquina las tres piezas a la vez cerca del borde, dejando libre la parte superior de la cabeza.

Burrito

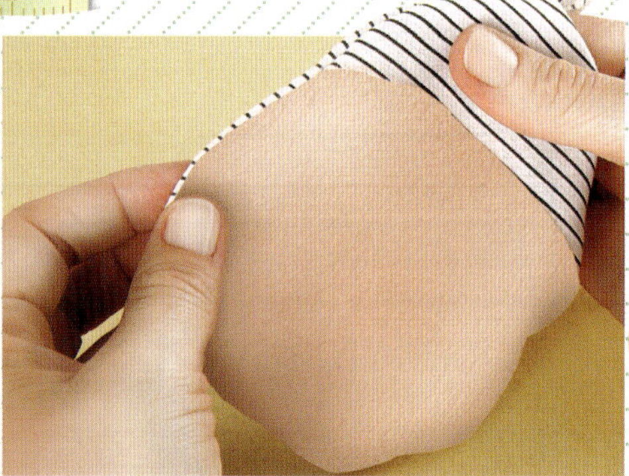

6 Una vez hecho el cosido se da la vuelta a las piezas y se acomodan correctamente, antes de iniciar el relleno.

7 Con algodón siliconado se procede a rellenar la cabeza.

8 Se debe procurar que el relleno sea abundante, puesto que interesa que la cabeza quede lo más prieta y dura posible, lo que favorecerá el aspecto final del burrito. Después se cose la parte no cosida por donde se introdujo el relleno.

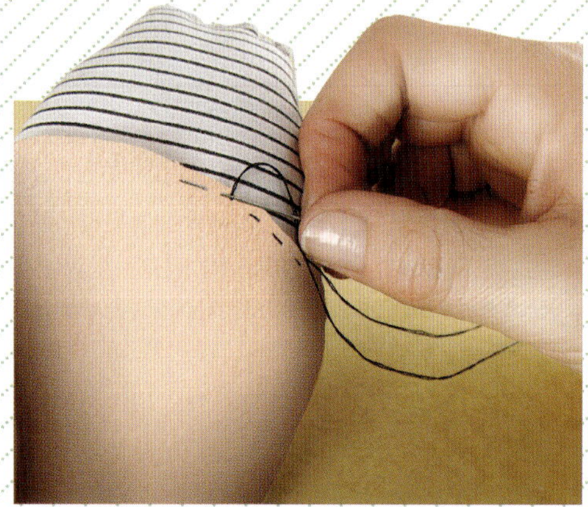

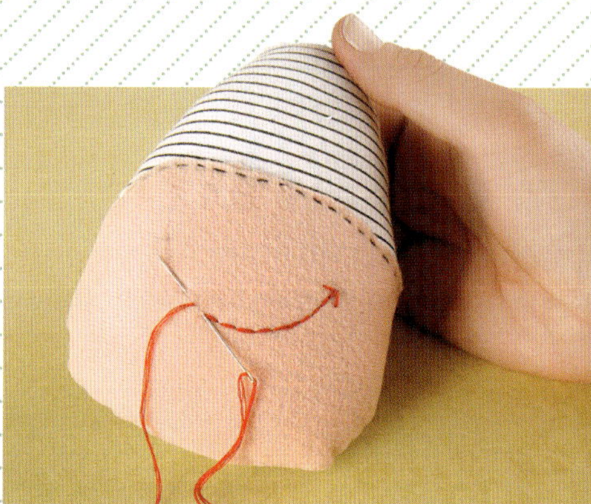

9 Como el límite superior de la pieza de color piel correspondiente a la parte inferior de la cara no se cosió, ahora se dan unas cuantas puntadas cortas e iguales con hilo oscuro. Esto servirá para pegar las dos piezas y también aportará atractivo a la cara.

10 Sobre la pieza inferior de la cabeza se traza con el lápiz la línea que dibuja la boca del animal, que describe una gran sonrisa.

11 Con hilo grueso y puntada seguida se sigue el trazo de la boca.

*** Flequillo ***

Cuando se realice la boca, para que quede correcta se debe procurar que las puntadas que se den, cortas o largas, sean lo más semejantes posible.

12 Con lana de color llamativo se dan unas cuantas vueltas a tres dedos de la mano, tal como muestra la imagen.

13 Se retiran los dedos de la pequeña madeja que se ha formado y, con el mismo hilo, se ata por uno de sus extremos.

✿✿✿ Orejas *✿✿✿*

14

Siguiendo el patrón correspondiente, se cortan cuatro piezas iguales en la misma tela que ha servido para la parte superior de la cabeza.

15

Con las piezas cortadas se forman dos pares. En cada par se superpone una pieza a la otra y se hacen coincidir. Se cosen a máquina, dejando libre la parte inferior.

16

Aprovechando la parte inferior sin coser, se da la vuelta a las orejas y se acomodan, especialmente las puntas. A continuación, en esta parte inferior, se dan unas puntadas en todo el perímetro.

17

Se tira fuerte del hilo para hacer un recogido y se remata para asegurarlo.

✿✿✿ Montaje de la cabeza *✿✿✿*

18

Estos son los elementos de la cabeza confeccionados hasta este momento.

19

Se cose el flequillo en la parte superior.

20

Una vez cosido el flequillo, se corta a la medida deseada.

21 Se acomoda el flequillo y después se retoca su perfil inferior.

22 Ahora se cosen las orejas de manera que su colocación quede simétrica.

23 Con silicona se pegan los ojos en su lugar definitivo. Con ello el trabajo de la cabeza del burrito se da por finalizado.

❋❋❋ Patas ❋❋❋

24 Para cada pata se necesitan dos piezas y otras tantas para los cascos. Se cortan todas las piezas necesarias para el animal, es decir, ocho piezas de cada.

25 Estas son las piezas que se necesitan para cada pata.

26 Con la máquina de coser se unen la pieza de la pata y la del casco.

27 Para confeccionar una pierna se superponen las dos piezas (pierna y casco) preparadas en los pasos anteriores y se hacen coincidir.

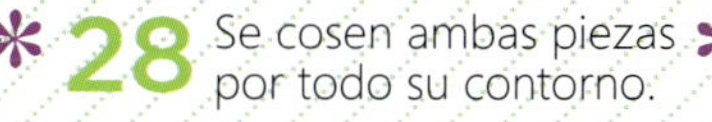

28 Se cosen ambas piezas por todo su contorno.

29 Una vez cosidas, se separan las dos piezas.

30 Se realiza un pequeño corte en una de las caras de la pieza, con cuidado de no dañar la otra.

31 Se aprovecha el corte realizado para dar la vuelta a la pata, para que la tela quede del derecho y el cosido escondido.

32 Una vez volteadas, las patas tienen que verse así.

33 Utilizando el corte efectuado en el paso 30, se rellenan las patas.

34 Como el llenado se ha hecho abundantemente, cada pata ha quedado muy dura.

35 Se cosen los cortes que han servido para introducir el relleno.

✳✳✳ Cuerpo ✳✳✳

36

Estas son las piezas que se van a necesitar para confeccionar el cuerpo.

37

Una vez cortadas y superpuestas las piezas derecho con derecho, se cosen a máquina por todo su perímetro, dejando un pequeño tramo sin coser para después poder voltear la tela e introducir el relleno.

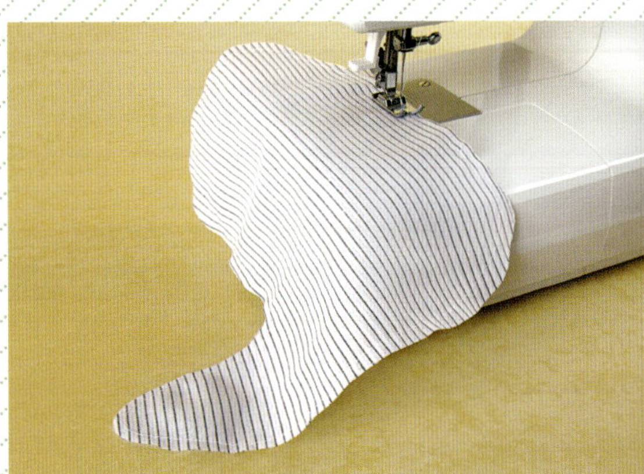

38 Por el fragmento que no se ha cosido se da la vuelta a la tela.

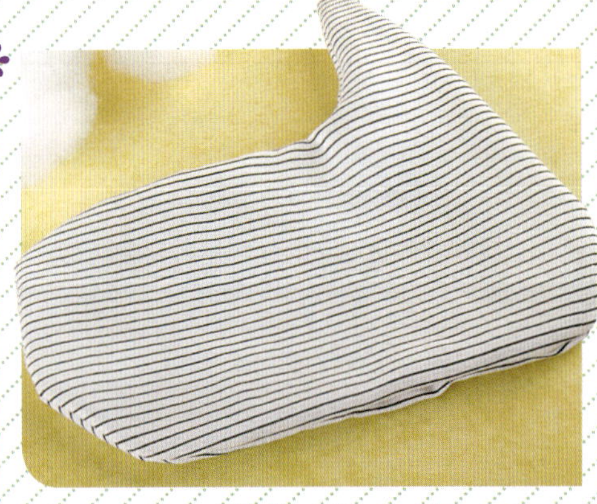

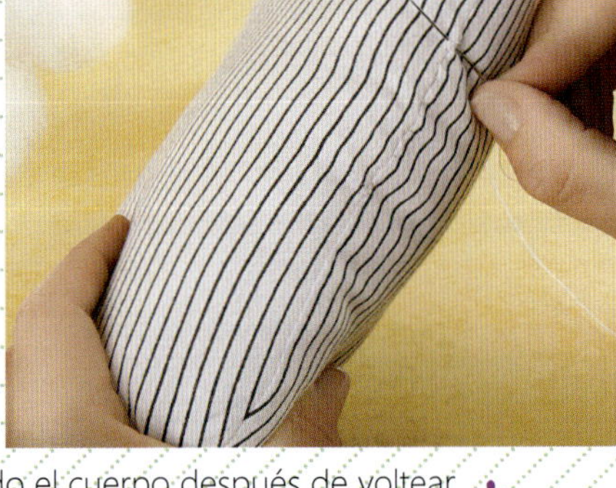

✳ 39 Una vez bien acomodado el cuerpo después de voltear la tela, se rellena abundantemente y se distribuye correctamente el relleno. Finalmente se cose el trozo no cosido por donde se introdujo dicho relleno.

Las orejas tienen que quedar muy bien centradas y erguidas para que el burrito sea más atractivo. Por otro lado, debe pensarse también que el flequillo puede ayudar a disimular las uniones y cualquier imperfección que se haya podido producir, sobre todo aquellas que se refieren a las costuras.

40 Una vez terminado el cuerpo, este es el aspecto que ofrece.

*** Montaje del cuerpo ***

41 Con aguja e hilo se cosen las patas, empezando por las delanteras.

42 Luego se cosen las patas traseras y se verifica que el muñeco puede mantenerse de pie y queda bien equilibrado.

43 Se presenta la cabeza, probando la manera en que puede quedar mejor.

44 Con aguja e hilo se cose la cabeza al cuello del animal, cuidando bien el cosido para que quede fuerte y seguro.

45 Una vez montado, este es el aspecto que ofrece nuestro burrito.

*** Detalles finales ***

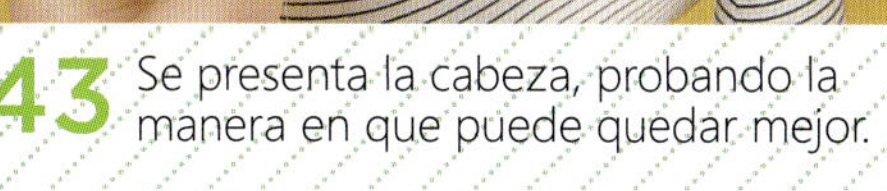

46 Para la cola se corta lana del mismo color del flequillo y se hace una trenza con ella.

47 Luego la trenza se cose en la parte posterior del animal.

Burrito

48 Para el cuello se va a realizar una bufanda. Para ello se toma la medida correspondiente.

49 Se corta una banda ancha y larga para la bufanda.

50 Para un mejor acabado se practican unos pequeños cortes paralelos en los extremos de la bufanda, a manera de flequillo.

51 Se anuda la bufanda al cuello.

A la hora de elegir la tela para la bufanda, para que el burrito quede mejor conjuntado se va a utilizar la misma tela que ha servido para los cascos, lo que aportará una cierta unidad al conjunto del muñeco.

52 Y con ello se da por terminado nuestro burrito.

Tortuga

Se presenta en este apartado un ejercicio para cuya correcta realización se necesita trabajar bien la unión de varias piezas de formas diferentes y conseguir que el relleno llegue uniformemente a todo el cuerpo, aunque se trate de ángulos o recovecos, que siempre resultan difíciles de embutir. A pesar de que nos estamos refiriendo a acciones no especialmente complicadas, es preciso poner la máxima atención. El cuidado de los detalles es determinante para el aspecto final.

Aquí se muestra un bodegón en el que figuran diferentes elementos que se van a utilizar para la realización del presente ejercicio.

Este es el dibujo esquemático de la tortuga que se va a realizar en este apartado. Los dibujos de los patrones de las piezas necesarias se encuentran en la hoja 2, cara 2, en color violeta.

✳✳✳ **Confección del cuerpo** ✳✳✳

✳ 1 Para armar el cuerpo, con la referencia del patrón correspondiente, se cortan dos piezas para el cuerpo, otras dos para la parte inferior o ambulacral y una tercera para unir las dos piezas anteriores.

 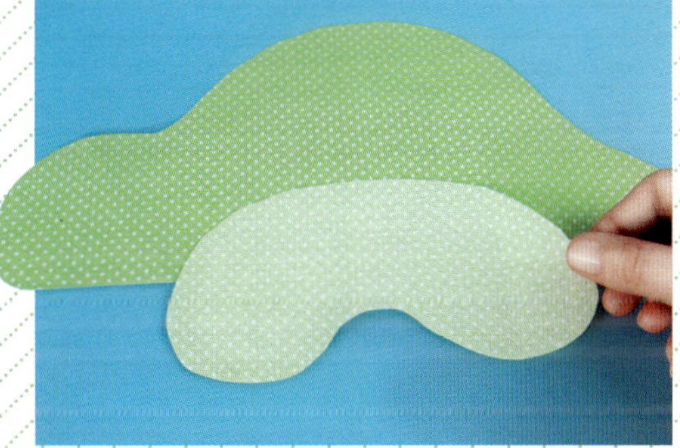 

2 Se toma una pieza del cuerpo y otra de la parte inferior.

3 Se superponen las dos piezas por uno de los límites, tal como muestra la imagen, de manera que las telas queden enfrentadas derecho con derecho.

4 Se empieza a coser en todo el borde inferior de la pieza correspondiente a la parte ambulacral, empezando por el extremo que se indica en la imagen y hacia abajo.

✳ 5 El cosido se realiza con puntada muy corta y seguida. **✳**

6 Se repite la acción en las otras dos piezas.

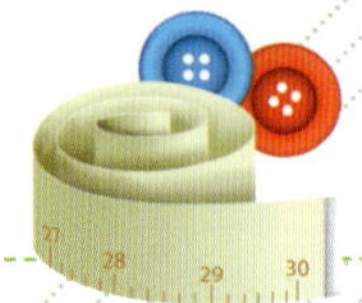

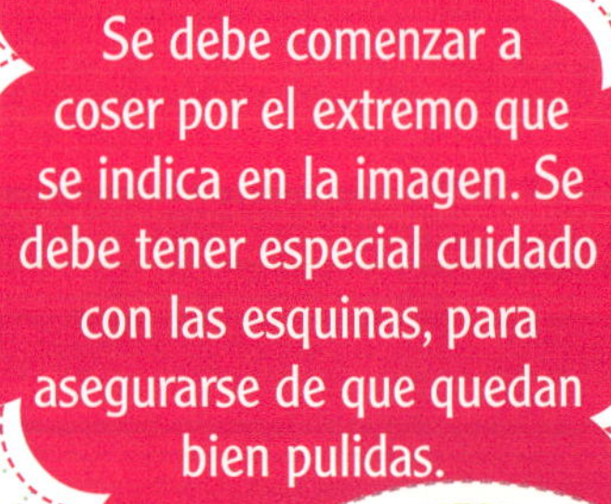

7 Ahora que ya se han cosido las dos piezas de la parte inferior de la tortuga, se va a atacar la parte superior.

8 Para unir esta tercera pieza se dobla hacia abajo la parte que no se ha cosido de la parte inferior y sobre este doblez se coloca la tercera pieza.

9 Se empiezan a unir las piezas de manera que coincidan exactamente e iniciando el cosido desde un extremo hasta el opuesto.

10 Cuando se haya acabado de unir las dos piezas, el trabajo deberá verse así por la cara inferior...

11 ...y así por la cara opuesta.

12 Con ello se dispone de una mitad de la tortuga. Repitiendo todo lo que se lleva hecho hasta ahora, desde el paso 5, se conseguirá la otra mitad.

13 Se dobla hacia abajo la parte que todavía no se ha unido.

14 Se acerca la mitad de la tortuga que se va a coser ahora y se une con la mitad de la pieza que corresponde a la base.

15 Antes de coser las piezas se presentan y se hacen coincidir.

16 Se cosen a mano las dos piezas, siguiendo el mismo procedimiento utilizado anteriormente.

17 Cuando se haya terminado el cosido de la pieza de la base, el trabajo deberá verse tal como muestra la imagen.

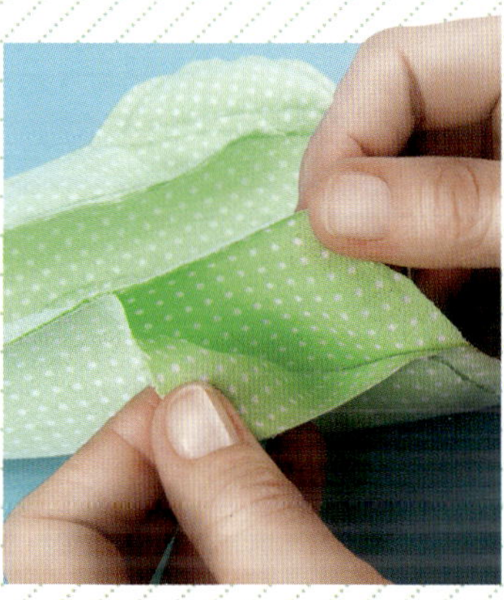

18 Se empieza ahora a coser todo el cuerpo, cuidando de dejar un pequeño tramo sin coser, que servirá para voltear el cuerpo y rellenarlo.

19 Una vez cosido, se da la vuelta al cuerpo.

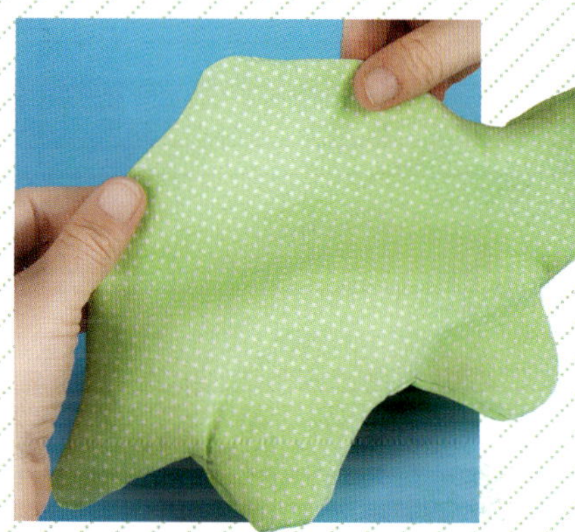

20 Se repasa el volteado de todo el cuerpo, con atención especial a las costuras y a los ángulos y recovecos, para garantizar que todo ha quedado perfectamente acomodado.

21 Con abundante material se empieza el relleno.

22 Una vez rellenado el cuerpo de la tortuga, este es el aspecto que ofrece nuestro trabajo.

✳✳✳ El caparazón ✳✳✳

23 Para el caparazón se cortan dos piezas iguales, de acuerdo con el patrón correspondiente.

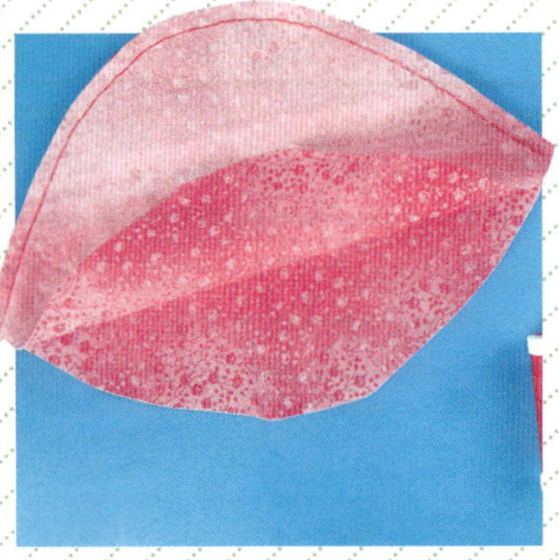

24 Se superponen las dos piezas con la tela derecho con derecho, se hacen coincidir y se cosen por el borde de la mitad superior.

25 Una vez cosidas, se les da la vuelta para que el derecho de la tela quede a la vista y se sacan bien las costuras.

26 Se dobla el borde del caparazón y se presenta para que quede bien ajustado.

27 Una vez decidida su colocación, se asegura cosiendo el caparazón.

28 Una vez montado el caparazón, la tortuga debe ofrecer este aspecto.

El cosido del caparazón quedará mejor acabado si su costura se hace coincidir con la costura de la espalda.

29 Para los ojos se utilizan unas cuentas pequeñas de color negro, que se coserán con hilo del mismo color.

30 He aquí nuestra tortuga ya terminada.

Jirafa

A medida que se va avanzando en las propuestas de este libro, se van presentando nuevas técnicas y maneras de confeccionar, obtener o realizar determinados elementos o acciones. Todo ello forma un conjunto de ideas y recursos que, además, se practican en los ejercicios de este libro, para que el usuario vaya adquiriendo una experiencia que le servirá para utilizarlas en futuras creaciones, fruto de su propia imaginación y creatividad. En la mayoría de los casos se trata de prácticas sencillas, pero que acostumbran a ser de gran ayuda durante el proceso de trabajo. Por ello merecen que se les preste la máxima atención.

Dibujo esquemático de la jirafa que se va a realizar en este capítulo. Los patrones de las piezas que se necesitan para su realización se encuentran en la hoja 2, cara 2, en color verde claro.

✳✳✳ Confección del cuerpo ✳✳✳

1 Para armar el cuerpo se cortan dos piezas, teniendo como referencia el patrón correspondiente.

2 Se superponen las dos piezas, se hacen coincidir exactamente y se cosen a máquina por todo el perímetro, dejando un pequeño tramo sin coser, que servirá para el relleno.

3 Una vez cosidas las dos piezas, se les da la vuelta y se rellenan.

4 Se repasa el relleno para que quede uniformemente repartido por todo el cuerpo, ayudándose, si es preciso, de algún elemento (palillo, lápiz, hoja de las tijeras) para conseguirlo.

5 Una vez se haya acabado de rellenar y arreglar el cuerpo, se cose el pequeño tramo que se había dejado sin coser.

✳✳✳ Confección de las patas ✳✳✳

6 Con la referencia del patrón correspondiente se deben cortar dos piezas iguales para cada pata, ocho en total.

7 A continuación se cortan las piezas que servirán para los cascos. Aunque pueden cortarse a la longitud que se quiera, se recomienda que sean lo más proporcionadas posible a las medidas de las patas.

Siempre que se vaya a coser un par de piezas para formar un elemento que después será rellenado, no debe olvidarse dejar un pequeño tramo libre, sin coser, que servirá no solo para el relleno, sino también para dar la vuelta a la pieza, paso previo al embutido de la misma.

8 Se unen las piezas del casco con sendas piezas de la pata.

9 Una vez cosidas las piezas y verificado el trabajo realizado, se les da la vuelta.

10 Se arregla y acomoda bien la disposición de la pata, para que quede bien presentada.

11 Se rellenan las cuatro patas con abundante material y se comprueba que quedan bien apretadas, ya que sobre ellas se tiene que mantener erguida la jirafa.

Para que la jirafa quede bien, se recomienda que el relleno para su cuerpo esté bastante apretado, lo que hará que dicho cuerpo se aguante mejor y quede más agradable al tacto.

12 Una vez terminado el relleno, se dobla hacia dentro 1 cm la parte inferior de las piezas del casco, que es por donde se introdujo dicho relleno, y con puntada invisible se cose con aguja e hilo del mismo color que la tela del casco.

13 Así deben quedar las cuatro patas, una vez terminada su confección.

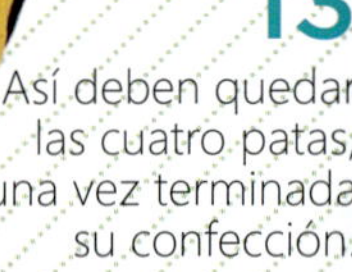

✳✳✳ Confección de las crines ✳✳✳

14 En la misma tela que ha servido para los cascos se corta una pieza rectangular, suficientemente larga como para cubrir toda la cabeza de la jirafa y la mitad de su cuello.

En cuanto a la medida de los cascos, además de la proporcionalidad se debe tener en cuenta el factor cromático. Como sea que dichos cascos se cortarán sobre una tela de color oscuro intenso, muy diferente del amarillo de las patas, si se cortan demasiado grandes resultarán visualmente muy pesados cuando las patas estén totalmente armadas.

15 Se dobla la pieza rectangular por la mitad y a lo largo.

16 Para realizar un fleco se corta varias veces en todo el largo de la pieza doblada por el lado opuesto al doblez. Estos cortes, que deben ser de unos 5 mm de ancho, deben llegar hasta 1 cm como máximo del doblez.

17 Una vez terminados los cortes, se menean para que queden algo desmelenados.

18 Se presentan las crines y se determina su ubicación.

19 Después se coloca una línea de silicona desde la parte más alta de la cabeza hasta la cara y se va pegando la porción de crines que corresponda.

20 Luego, desde la cabeza, se extiende una línea de silicona hacia el cuello...

21

.., y se le pega la parte correspondiente de las crines.

22

Con la silicona todavía tierna se arreglan las crines...

23 ... y se acaba de pegar lo que sea necesario.

24

Así es como ha quedado la jirafa, una vez terminada esta fase.

✳✳✳ Preparación de los cuernos ✳✳✳

25 Para cada cuerno se necesita un palillo cortado por la mitad y una cuenta o bolita de color negro.

26 Se coloca una gota de silicona sobre uno de los agujeros de la cuenta...

27 ... y se introduce la mitad del palillo en el agujero para que quede bien pegado con la silicona.

28 Así quedan los dos cuernos una vez terminados.

*** Confección de las orejas ***

29 Con la referencia del patrón se cortan cuatro piezas iguales, dos para cada oreja.

30 Con las cuatro piezas se forman dos pares. Las dos piezas de cada par se superponen, se hacen coincidir y luego se cosen a máquina solo los dos lados largos, no la base.

31 Se da la vuelta a las orejas.

32 En la base, que ha quedado sin coser, se le pasa una aguja e hilo y se dan unas puntadas muy cortas.

33 Se aprieta el hilo para conseguir un recogido y se remata. Con ello las orejas han adquirido la forma que se deseaba.

> Al cortar cada pieza debe recordarse la necesidad de dejar un margen de 5 mm en todo el perímetro, que servirá para poder realizar correctamente el cosido. Luego, si se advierte que este margen es excesivo siempre se puede recortar, aunque sin apurar demasiado.

*** Montaje de las piezas de la cabeza ***

34 Aquí se muestran las piezas que se han preparado hasta ahora. Ha llegado el momento de proceder a su montaje.

35 Se cosen las orejas, teniendo cuidado de que las dos queden situadas a la misma altura y simétricas.

36 Una vez cosidas las orejas, se arreglan para que queden bien presentadas.

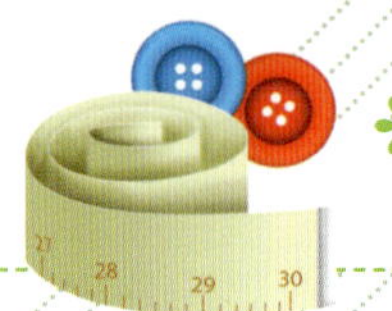

37 Se pone un punto de silicona en el lugar donde van a clavarse los palillos con los cuernos.

38 Este es el aspecto de la cabeza de la jirafa al final de esta fase.

*** La cola ***

Antes de colocar las orejas y los cuernos, estudie previamente dónde va a colocarlos. Recuerde la simetría y que cada par debe ocupar una ubicación y una altura parecidas a las del cuerno que figura en el lado opuesto.

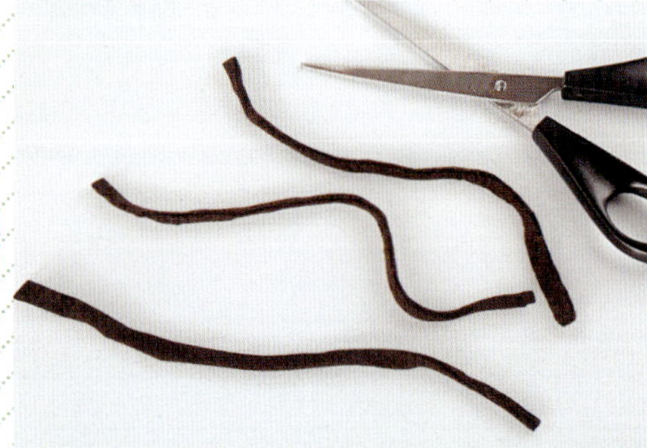

39 Para la cola se necesitan tres tiras muy finas de la misma tela que se ha utilizado para los cascos y las crines: 5 mm de ancho por 10 de largo.

40 Con las tres tiras se forma una trenza...

41 ... que se terminará con unas puntadas en el extremo, para evitar que se desbarate.

42 Se cose la cola a la parte posterior de la jirafa, no sin antes asegurar la ubicación.

✳✳✳ Montaje de las patas ✳✳✳

43
Con aguja e hilo se cose cada pata.

44
Así ha quedado nuestra jirafa con las patas.

✳✳✳ Ojos, boca y acabado ✳✳✳

45 Con aguja e hilo se cosen los ojos, para los que se elegirán botones grandes de color negro.

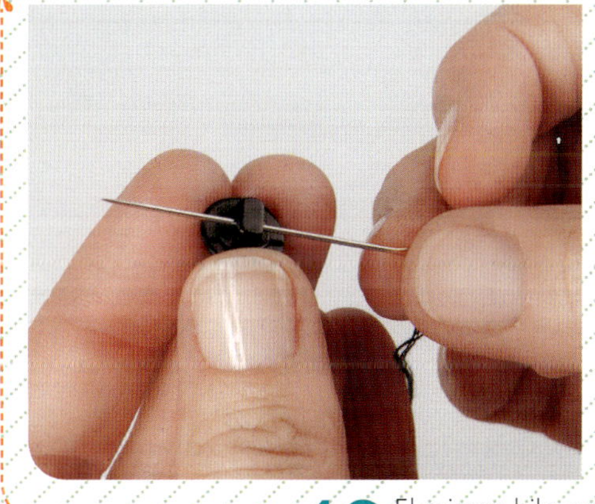

46 El mismo hilo con el que se cose un botón se pasa al otro lado de la cabeza para coser también el botón de ese lado.

47 Así debe quedar la cara de la jirafa, ya con los ojos situados en su lugar.

Cuando vaya a montar las patas, asegúrese de que todas quedan a una misma altura, puesto que, de no conseguirlo, la jirafa una vez terminada no podrá mantenerse recta, sino que dará la sensación de estar a punto de caerse.

48 Para la boca, con hilo negro y hebra doble y utilizando una aguja larga, se pasa el hilo de lado a lado y se tira de él lo suficiente para que quede la boca bien marcada, pero evitando que la tela se arrugue.

49 Se vuelve a pasar la hebra por el mismo recorrido para que así la boca quede mejor dibujada.

50 He aquí el aspecto de la jirafa en este momento.

51 Se colocan algunos flecos de la crin hacia la frente con el fin de tapar la silicona que sirvió para pegar los palillos de los cuernos.

52 Se cosen unos botones grandes sobre las costuras que han servido para coser las patas con el cuerpo. Con ello, además de tapar esas costuras, se reforzará la unión y se aportará un detalle ornamental a la jirafa.

53 Llegados a este punto, se da la jirafa por terminada.

Gallina

Como no podría ser de otra manera, a medida que se va avanzando en los ejercicios de este libro las propuestas que se presentan incluyen la práctica de nuevas técnicas y la explicación para combinar una técnica con otra a fin de conseguir un resultado satisfactorio. Vale la pena insistir una y otra vez en que son condiciones necesarias para conseguir un buen trabajo la calma, la atención, el cuidado en cada acción realizada y la meticulosidad en los detalles. Está claro que todo esto lleva su tiempo. Las prisas tienen que considerarse siempre malas compañeras. Rara vez aportarán alguna ventaja y, en cambio, seguro que podrán explicar muchos errores y deficiencias.

Dibujo esquemático de la gallina que se va a confeccionar. Los patrones de las piezas que se van a necesitar se encuentran en la hoja 2, cara 2, dibujados en color rojo.

He aquí un conjunto de materiales y útiles que se van a necesitar para la realización del presente ejercicio.

✳✳✳ Preparación de piezas para alas, cabeza y cuerpo ✳✳✳

1 Utilizando los patrones correspondientes se cortan dos piezas para el cuerpo y la cabeza de la gallina y cuatro para las alas.

✳✳✳ Confección de las alas ✳✳✳

2 Se superponen las dos piezas de las alas y se cosen con la máquina, dejando sin coser un pequeño segmento.

3 Se da la vuelta a las piezas cosidas y, con la ayuda de un lápiz, se acaban de voltear las puntas.

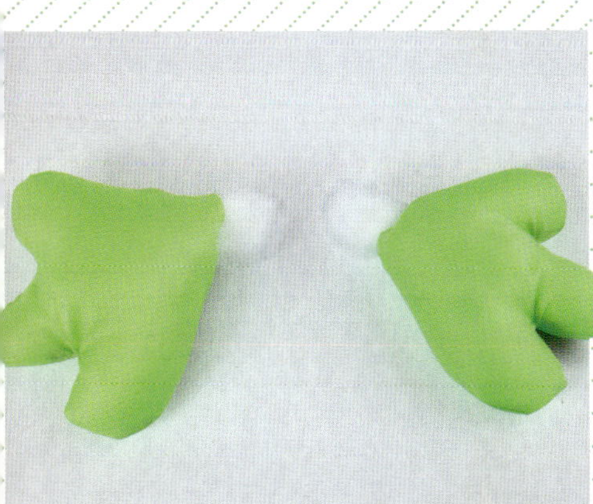

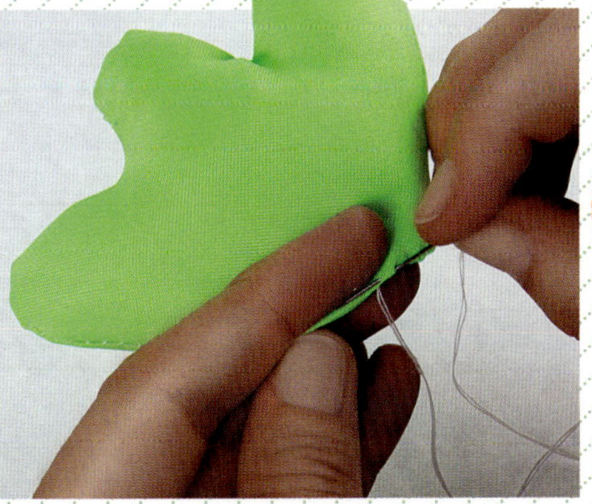

4 Con abundante algodón siliconado se rellenan las alas, de manera que queden muy apretadas.

5 El trozo de tela que se dejó sin coser para introducir el relleno se dobla ahora hacia dentro y se cose con puntada invisible.

Antes de dar por terminadas las alas, asegúrese de que la costura es uniforme en las dos. Debe tenerse en cuenta que, cuando se peguen al cuerpo, como deberán ir enfrentadas, se va a notar mucho si una costura ha quedado más larga que la otra.

✳✳✳ Confección de la cabeza ✳✳✳

6 Para la cabeza se toman las dos piezas, se superponen derecho con derecho y se cosen a máquina, dejando un pequeño segmento sin coser.

7 Una vez cosidas las dos piezas, con cuidado se les da la vuelta.

8 Para que la cabeza vaya adquiriendo forma, se rellena con abundante algodón siliconado.

Cuando se tengan que coser dos piezas que servirán para un elemento que luego será rellenado, se debe procurar que el segmento que se deja sin coser para introducir el relleno sea suficientemente grande como para no tener problemas con el embutido, pero también lo más pequeño posible, porque así será más fácil disimular el cosido posterior al relleno.

✳✳✳ Confección del cuerpo ✳✳✳

9 Se unen las dos piezas que formarán el cuerpo, se enfrentan derecho con derecho y se cosen.

10 Una vez cosidas las dos partes, se corta el sobrante que se haya formado en todo el perímetro.

11 Se da la vuelta a la pieza.

12 Se rellena el cuerpo con algodón siliconado.

*** Montaje del cuerpo con la cabeza y las alas ***

13 Utilizando un trozo de madera cilíndrico como refuerzo se une la cabeza con el cuerpo.

14 Con puntada muy fina se cosen los dos elementos (cabeza y cuerpo), de manera que la unión quede firme y bien acabada.

15 Con puntada muy fina se unen ahora las alas al cuerpo.

*** Cresta ***

16 Se corta la cinta que se ha elegido para la cresta en varios trozos no muy largos.

17 Cada trozo se dobla y con puntada seguida se cosen los extremos para que queden unidos.

18 Una vez cosidas las puntas, se tira del hilo para que queden recogidas y se remata el cosido.

19 Una vez cosidas y rematadas las puntas, los trozos de cinta se juntan uno al lado de otro...

20 ... y se van disponiendo de manera que formen un conjunto atractivo, con aspecto de lazo.

21 El lazo que se ha formado se cose a la cabeza, rematando bien el cosido.

22 Este es el aspecto que ofrece la gallina en estos momentos.

✳✳✳ Patas y pies ✳✳✳

23 Con ayuda de los patrones correspondientes se cortan dos piezas rectangulares y dos círculos.

24 Se doblan las piezas rectangulares por la mitad en toda su longitud.

25 Se cose la pieza rectangular doblada por el lado opuesto al doblez y también por uno de sus extremos.

26 Con cuidado se da la vuelta a la pieza rectangular obtenida.

27 Para que la pieza quede correctamente volteada, se recomienda ayudarse de un lápiz para poder llegar mejor a los puntos menos accesibles.

28 Se rellenan las patas de manera que queden bien prietas.

29 Con aguja e hilo se hilvana el borde de las piezas circulares destinadas a los pies.

31 Se rellena el receptáculo con abundante algodón siliconado.

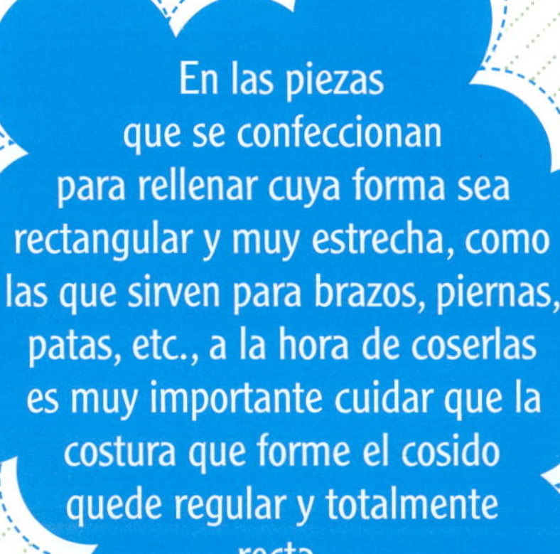

30 Terminado el hilvanado, se tira del hilo para que el círculo de la pieza se cierre y forme un receptáculo más o menos esférico.

32

Se forma un hueco en el relleno que se ha embutido...

33

... y en él se introduce un extremo de la pata.

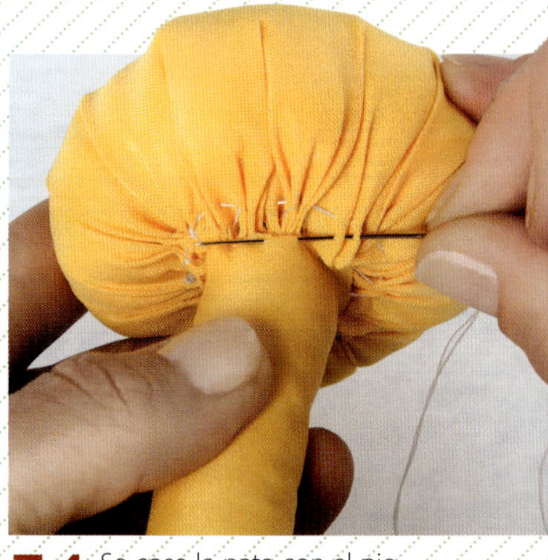

34

Se cose la pata con el pie para que queden unidos.

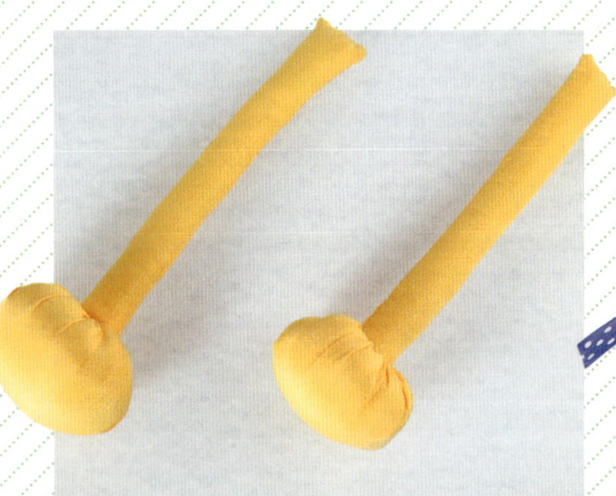

35

Este es el aspecto que tienen las patas y los pies de la gallina, una vez unidos.

36

Para cubrir las uniones de la costura de pie y pata se utilizan cintas decorativas.

37

Se hilvana uno de los bordes de la cinta.

38

Una vez hilvanado, se tira fuertemente del hilo para que la cinta quede recogida.

39

Se coloca la cinta alrededor de la pata, justo en el punto de unión con el pie.

40 Se arregla la cinta para que quede bien acomodada y se asegura con silicona.

41 Así quedan los adornos de las patas a la altura de los pies. Para rematar el adorno, se les añade un lazo delicado transparente (hecho con cinta de agua).

42 Este es el aspecto que ofrecen las patas una vez terminadas.

✻✻✻ Acabados ✻✻✻

43 Se cosen las patas al cuerpo, comprobando que quedan bien ubicadas.

44 Para el pico se corta una pieza cuadrada.

45 Se dobla el cuadrado por la diagonal para formar un triángulo.

46 Con la máquina de coser se unen los dos bordes libres del triángulo que se ha formado, dejando un pequeño tramo sin coser.

Al coser la pata con el pie, además de procurar que la unión quede firme, debe también buscarse que el cosido, en puntada invisible, quede bien disimulado. Con ello la gallina ganará en seguridad y también en acabado.

47 Por el tramo que se ha dejado sin coser se da la vuelta al triángulo.

48 Con la ayuda de un lápiz se acaba de arreglar el triángulo, después de darle la vuelta. Es especialmente importante cuidar las puntas.

49 Se presenta el pico para decidir el lugar donde se va a colocar.

50 Se cose el pico en su sitio definitivo.

51 Con una punta de silicona se pegan los ojos en su lugar.

52 Este es el aspecto de la gallina en este momento del proceso.

53 Con cinta de agua se confeccionan unos lazos para la cresta y el cuello; este último con unos extremos que se extiendan ampliamente cuerpo abajo.

54 Con ello se da la gallina por terminada.

Hipopótamo

En esta imagen se presentan un conjunto de telas, hilos y útiles necesarios para la realización del presente ejercicio.

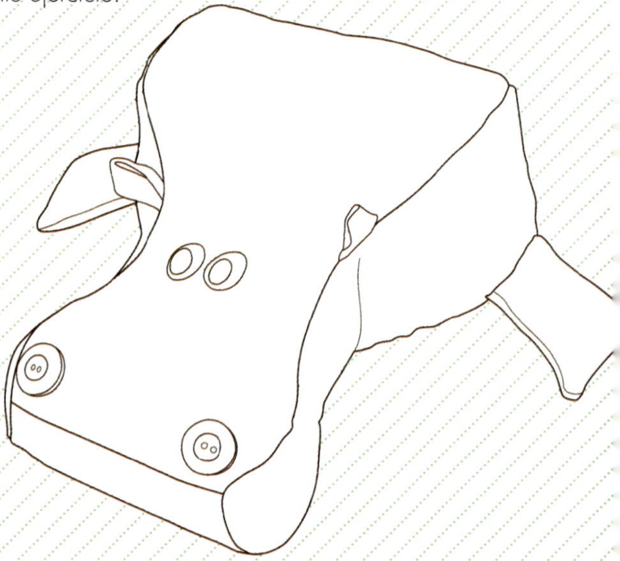

He aquí un dibujo esquemático del hipopótamo que se propone realizar en este capítulo. Los patrones de las piezas para confeccionarlo se encuentran en la hoja 2, cara 2, dibujados en marrón oscuro.

Entre las diferentes propuestas que se llevan hechas, se han podido poner en práctica diferentes técnicas y acciones de una cierta dificultad. Entre ellas, una que nos volvemos a encontrar: el montaje de varias piezas a la vez. Todo radica en la concentración, cuidar al detalle lo que se está haciendo y, sobre todo, antes de proceder al cosido definitivo, hilvanar bien y luego verificar que todo ha quedado correctamente ubicado en su sitio. Seguro que, si se maneja de esta manera, el resultado será bueno, pero todo es cuestión de concentración y paciencia. Y recordar que lo importante no es la rapidez, sino la calidad con que se trabaja.

✳✳✳ Parte superior ✳✳✳

1 Con la referencia del patrón, se corta la pieza que corresponderá a la parte superior del animal.

2 Se corta ahora, de acuerdo con el patrón, la pieza que corresponderá a la parte inferior del hipopótamo.

3 Con la ayuda del patrón se cortan dos piezas iguales que corresponderán a los lados.

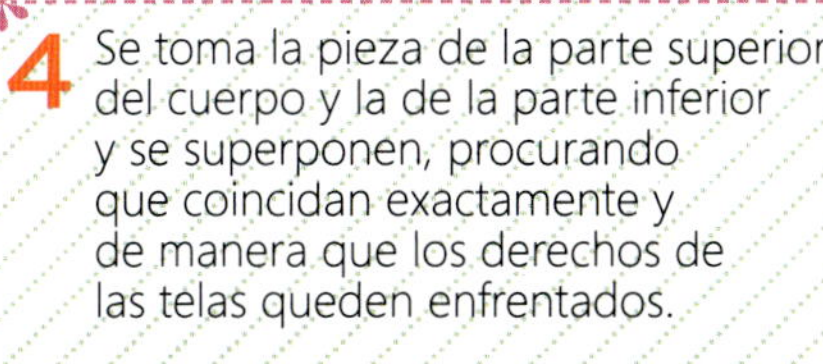

4 Se toma la pieza de la parte superior del cuerpo y la de la parte inferior y se superponen, procurando que coincidan exactamente y de manera que los derechos de las telas queden enfrentados.

5 Se cosen las dos piezas por la parte recta, como muestra la imagen.

6 Se debe procurar que la costura quede bien acabada en lo que será la parte frontal, es decir, la más visible, de la cara del hipopótamo.

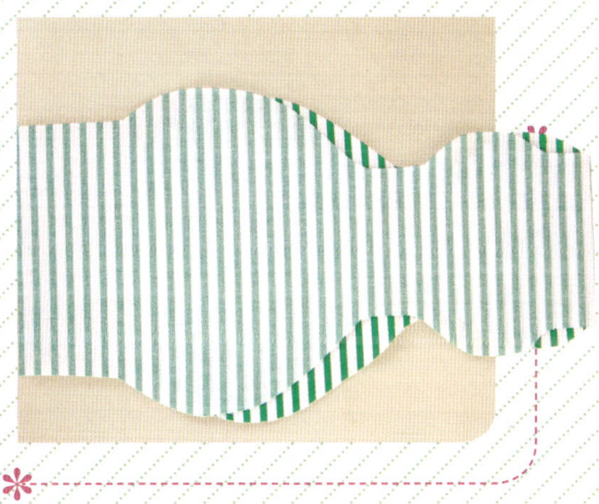

7 Una vez cosidas, las dos piezas deben verse así.

8 Se inicia el cosido con hilvanes y uniendo los dos puntos que se señalan en la imagen.

9 La primera puntada se dará en el punto que se indica en la imagen.

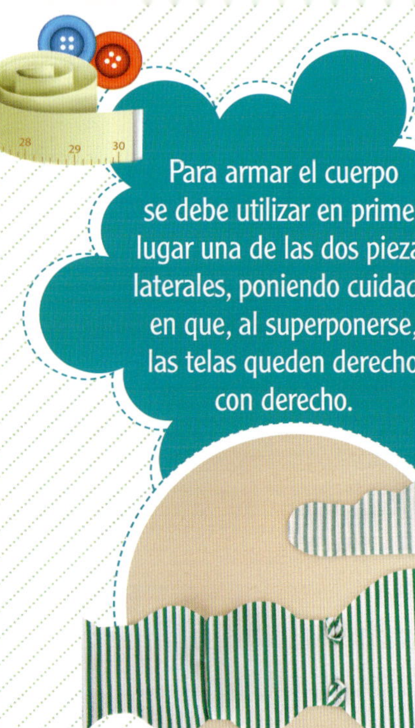

10 Progresivamente se van uniendo con hilvanes las dos piezas.

11 Cuando se llegue a la costura de la unión que se realizó anteriormente, se da la vuelta hasta coser totalmente la pieza.

12 Siguiendo el mismo sistema, se cose la pieza del otro lado.

13 Una vez cosidas las piezas, el trabajo debe verse así.

Cómo se trabajan las orejas

a. Con lápiz se marca al sesgo una tira de unos 30 cm de longitud por 4 de anchura.

b. Con las tijeras se corta la tira marcada.

c. Luego se dobla hacia arriba.

d. Se plancha a temperatura media-alta, para que el doblez quede bien marcado.

e. Se dobla nuevamente hacia dentro, tal como muestra la imagen.

f. Se vuelve a planchar.

g. Se cose la tira doblada por todo el borde...

h. ... y después se dobla como muestra la imagen, para formar la oreja.

i. Se calcula bien la medida y se corta y elimina la parte de tira sobrante.

Para ayudarse en el momento de acomodar las orejas, se recomienda hacerles una pequeña costura en la punta, lo que permitirá manejarlas mejor.

j. Se colocan las orejas en su lugar definitivo sobre la pieza de la cabeza.

14 Cuando se haya terminado de hilvanar, se verifica cómo va quedando todo y si el muñeco aparece bien armado. Una vez asegurado eso, se cosen las piezas con la máquina.

15 Tras realizar el cosido se cortan los hilos y se eliminan los hilvanes.

16 Por la parte posterior que se dejó sin coser, se da la vuelta al muñeco.

17 Una vez volteado, el muñeco debe verse así. Será el momento de revisar e ir acomodando correctamente todas las costuras.

✳✳✳ Relleno ✳✳✳

18 Se rellena el muñeco con abundante material, puesto que interesa que quede muy duro.

19 Tras distribuir uniformemente el relleno, se cose la parte que quedó sin coser.

Siempre que haya que unir varias piezas, pero sobre todo cuando se tengan que coser a la vez mas de dos, como sucede en este ejercicio, es imprescindible actuar con cuidado, puesto que es elevado el riesgo de equivocarse. La concentración es importante. Para asegurarse de que el cosido definitivo sale bien, es una buena idea hilvanar previamente las piezas.

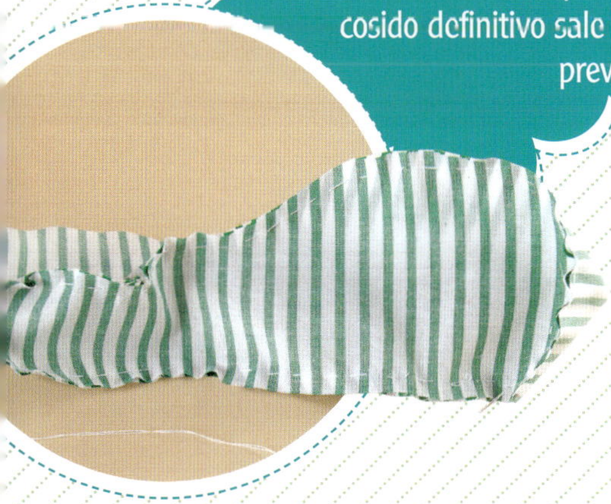

20

Así es como debe verse el muñeco en este momento.

❋❋❋ Patas ❋❋❋

21

Se cortan cuatro piezas iguales.

22

Con las cuatro piezas se forman dos parejas. En cada pareja una pieza se superpone a la otra, se hacen coincidir perfectamente y se cosen a máquina.

23 Una vez realizado el cosido, se da la vuelta a las piezas...

24 ... y luego se rellenan.

25 Con puntada invisible se cose la parte que había quedado libre y que sirvió para introducir el relleno.

26

Una vez cosidas, las dos patas deben verse tal como muestra la imagen.

27 Con estos pocos materiales se va a completar la cara.

*** Detalles finales ***

28 Con la pistola de silicona se pegan un par de botones, uno a cada lado del morro del animal.

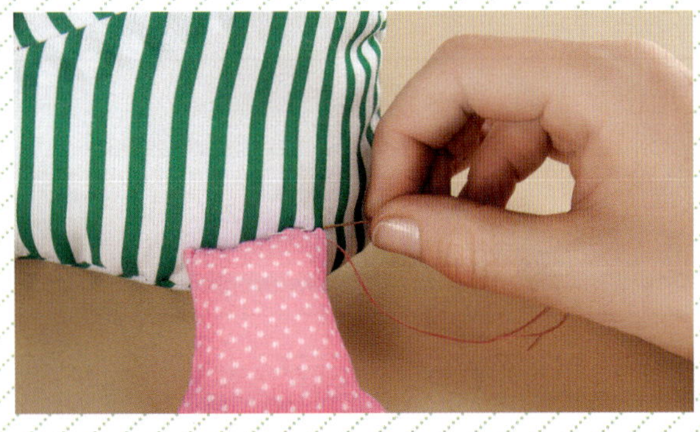

29

Se cosen ahora las dos patitas una a cada lado del animal...

30

... procurando que queden a una misma altura.

31

Con una punta de silicona se pegan los ojos en su lugar.

32

He aquí el aspecto final que ofrece nuestro hipopótamo

Dinosaurio

En esta imagen se presentan diferentes materiales y útiles que se van a utilizar en el proceso de realización del dinosaurio de este ejercicio.

Uno de los aspectos que merecen una atención especial en este ejercicio es la confección de la cresta del dinosaurio. La forma de este elemento exige un cuidado especial en todas sus fases: corte, cosido, relleno, ajuste con la pieza pareja, cosido con la pieza del cuerpo, etc. Cada una de estas acciones tiene su grado de dificultad y el hecho de que la cresta sea lo que más se ve del dinosaurio una vez terminado obliga a trabajarla no solo de manera correcta, sino casi perfecta. Esto requiere mucha atención y no tener prisa por terminar. Siempre que a un trabajo se le dedica tiempo y cuidado, el resultado final lo agradece. Y en ejercicios como el que aquí se propone eso se nota de forma manifiesta.

Este es el dibujo esquemático del dinosaurio que se va a realizar en la presente propuesta. Los patrones de las piezas necesarias se encuentran en la hoja 3, dibujados en color marrón oscuro.

✳✳✳ Confección de la cresta ✳✳✳

1 Estas son las piezas necesarias para confeccionar nuestro dinosaurio. Se deben cortar dos de cada, siguiendo la referencia de los patrones correspondientes.

2 Se corta una pieza de entretela fusionable que sea muy fina, para que no dificulte el volteo.

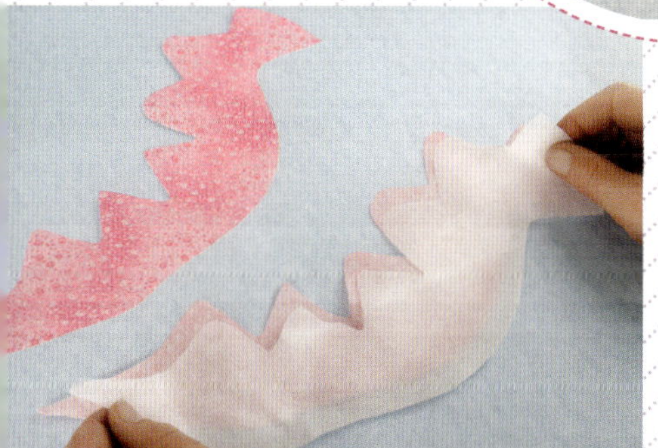

3 Se coloca la entretela sobre el revés de una de las dos piezas de la cresta, de manera que coincida perfectamente.

4 Una vez ajustadas las dos piezas, se pega la entretela a una de las piezas de tela pasándole la plancha a temperatura media-alta.

5 Se superponen las dos telas de la cresta derecho con derecho, de manera que coincidan y queden bien ajustadas. Después se cosen con la máquina.

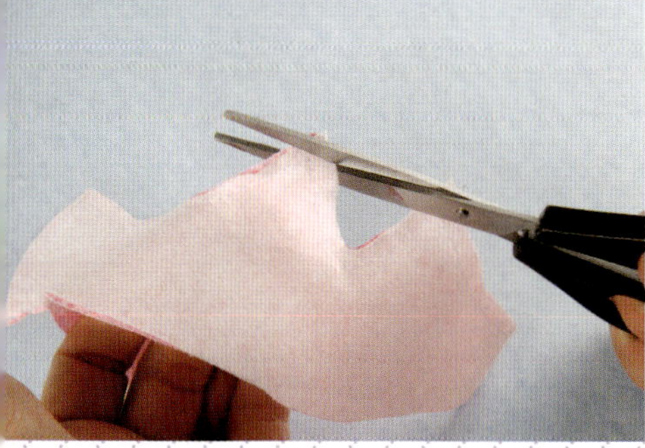

6 Una vez terminado el cosido, se cortan las puntas y se realiza un pequeño corte en la parte inferior de la cresta para evitar que, al dar la vuelta a la pieza, se puedan formar bultos o deformaciones.

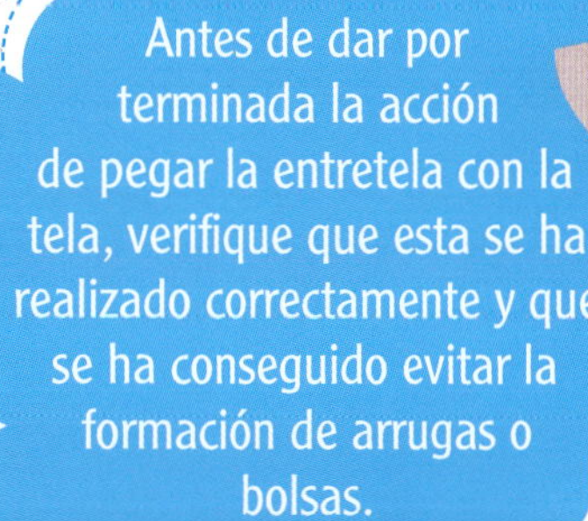

Antes de dar por terminada la acción de pegar la entretela con la tela, verifique que esta se ha realizado correctamente y que se ha conseguido evitar la formación de arrugas o bolsas.

7 A continuación se da la vuelta a la pieza.

8 Para que las puntas de la cresta queden bien sacadas, se recomienda ayudarse de las hojas de las tijeras o de algún objeto con punta roma, para no dañar la pieza.

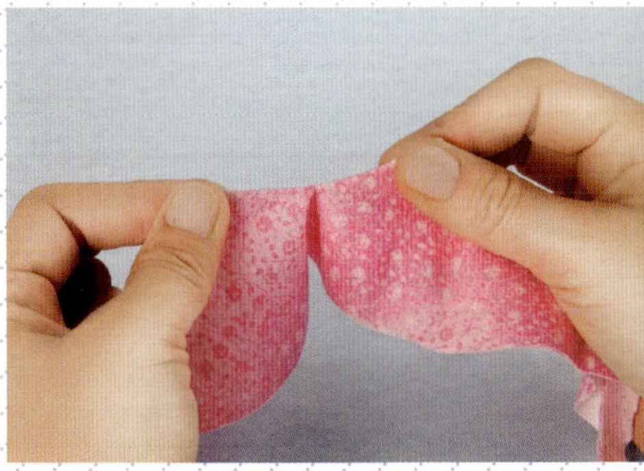

9 Se estira la cresta para eliminar las arrugas que se hayan podido formar.

10 También debe asegurarse de que todas las costuras están bien salidas y perfectamente presentadas.

11 Se plancha la cresta a temperatura media-alta, primeramente por una cara y después por la otra.

12 Así es como ha quedado la cresta una vez terminada.

Teniendo en cuenta que la forma en zigzag de las piezas de la cresta las hace algo difíciles de coser, se debe realizar el cosido lentamente y con la máxima atención, mimando sobre todo las puntas. Si el cosido a máquina se le hace más difícil, puede hacerlo a mano.

✳✳✳ Montaje de la cresta con el cuerpo ✳✳✳

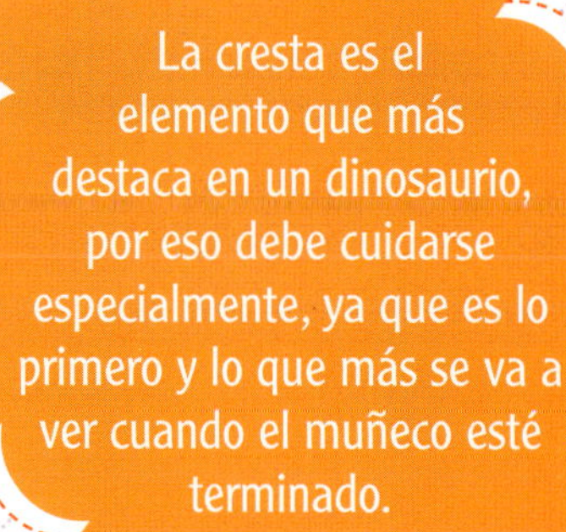

13 Aquí se presentan las dos piezas, cresta y cuerpo del dinosaurio.

14 Se coloca la cresta sobre una de las piezas del cuerpo.

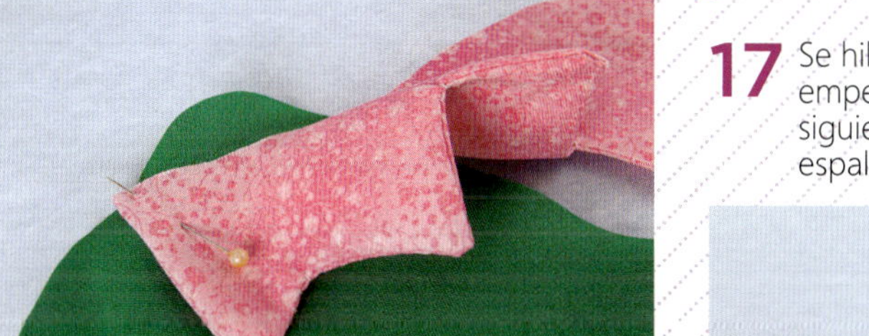

17 Se hilvanan las dos piezas, empezando por la cabeza y siguiendo todo el recorrido de la espalda hasta la punta de la cola.

15 Esta colocación debe hacerse de forma que la cresta monte 1 cm sobre todo el perímetro de la espalda del dinosaurio.

16 Una vez decidido el encaje de las dos piezas, se les da la vuelta y se asegura con alfileres.

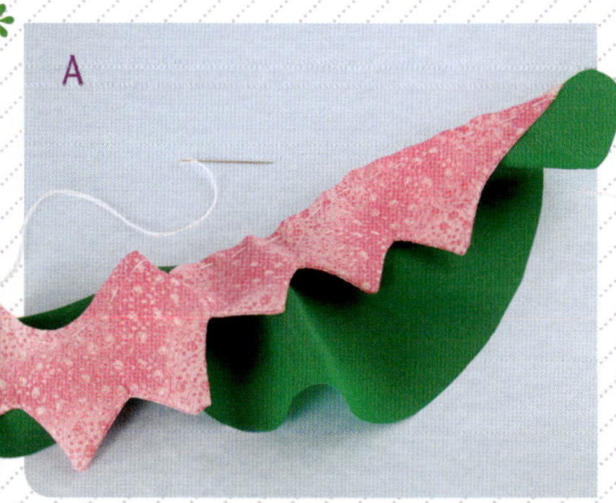

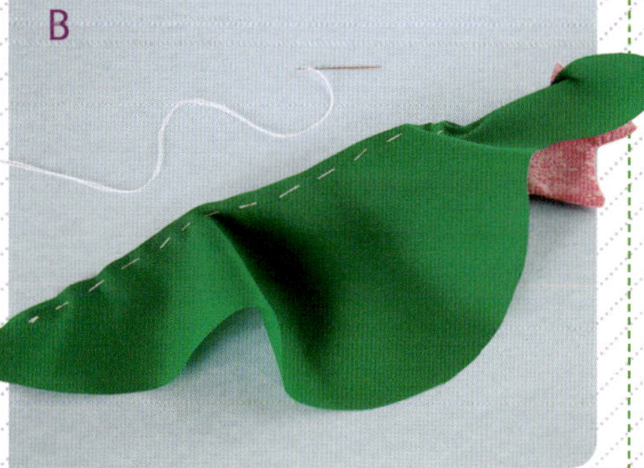

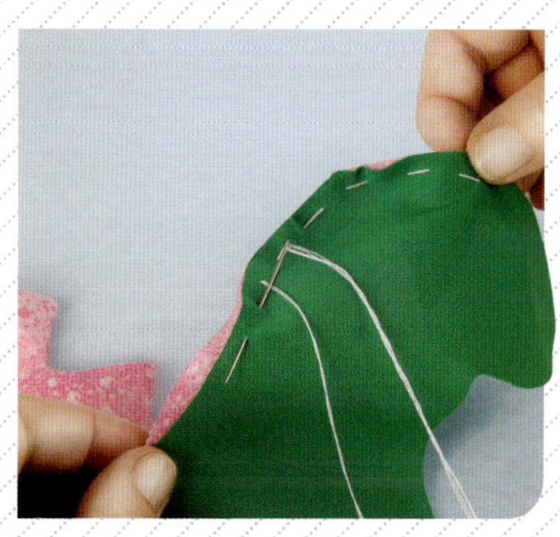

18 Una vez terminado el hilvanado, es así como debe quedar el trabajo: por la cara de la cresta (A) y por la cara del cuerpo del dinosaurio (B).

19 Se colocan las dos piezas hilvanadas sobre la superficie de trabajo, de manera que la cresta quede arriba y la pieza del cuerpo abajo. Después se coloca encima la otra pieza del cuerpo, de manera que coincida perfectamente con su pareja.

20 Con hilvanes se cosen las tres piezas (pieza de la cara A del cuerpo, cresta y pieza de la cara B del cuerpo) por todo el perímetro, dejando sin coser un pequeño espacio que servirá para el volteo y para introducir el relleno.

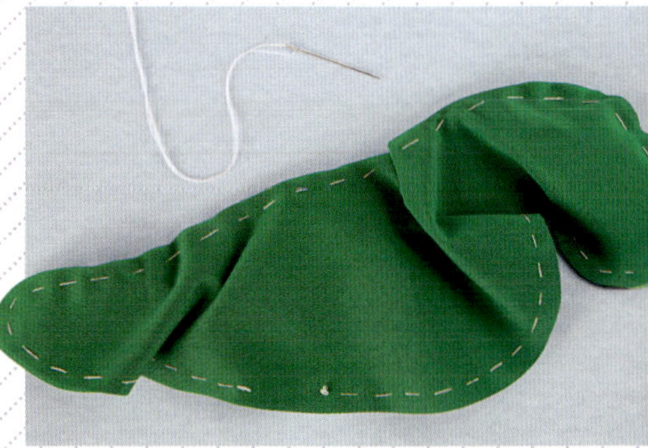

21 Esta es la pieza totalmente hilvanada.

22 Con la máquina se cose ahora el hilván anterior.

23 Terminado el cosido, se cortan y eliminan los hilvanes.

24 Por el fragmento que se dejó sin coser, se da la vuelta a las piezas, dejando el cosido escondido en el interior.

26 Ahora toca rellenar el cuerpo del dinosaurio. Como debe quedar muy duro y tupido, es necesario que el relleno sea generoso.

25 A continuación se plancha la cresta hasta conseguir que quede totalmente tiesa.

27

Una vez terminado el relleno, se cose el pequeño fragmento que se había dejado abierto.

No dé la acción del volteo por definitivamente terminada hasta no haberse asegurado de que nada ha quedado mal acomodado. Dedíquele una atención especial a la cresta.

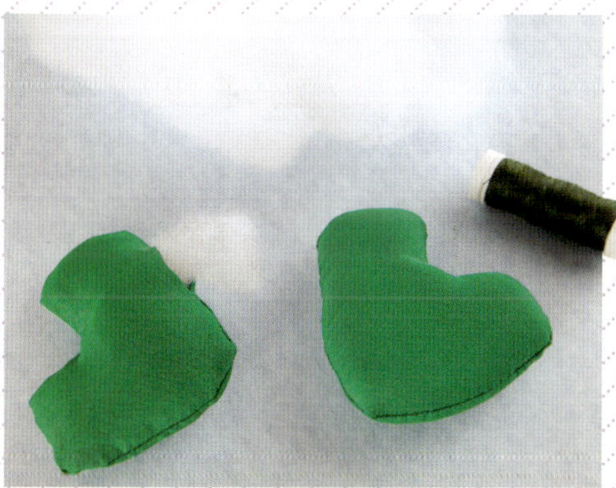

28

Se acaba de repartir bien el relleno para que todo el cuerpo quede uniforme en cuanto a dureza, evitando que queden espacios mal rellenados, ya sea por exceso o por defecto. Una vez conseguido, este es el aspecto que ofrece el cuerpo del dinosaurio.

 **Confección de patas y brazos** 

29

Se cortan las piezas que se van a necesitar y se cosen, dejando un espacio para poder darles la vuelta.

30

Una vez volteadas las piezas, se rellenan abundantemente para conseguir que las patas queden duras.

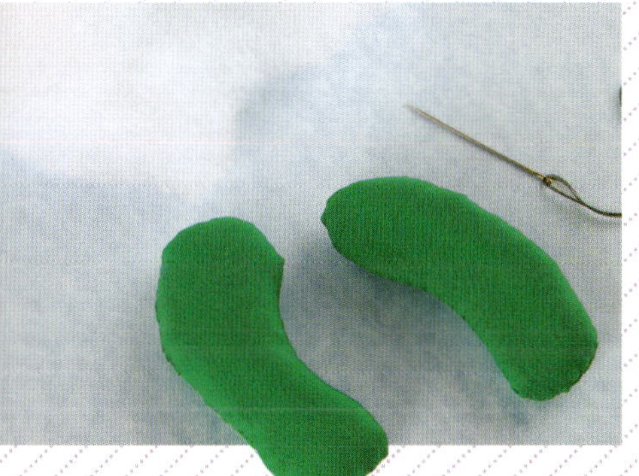

31

A continuación se cosen los pequeños tramos que se habían dejado sin coser para poder introducir dicho relleno.

32

Después del cosido es preciso repartir uniformemente con las manos el material de relleno dentro de la pata, para que quede bien distribuido y la pata no presente deformaciones ni zonas donde no haya llegado suficiente relleno.

✳✳✳ Montaje del dinosaurio ✳✳✳

33 Aquí se muestran las piezas que hay que montar: cuerpo y patas.

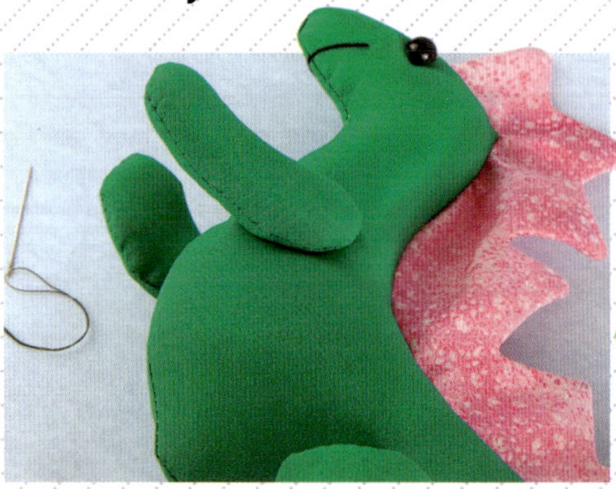

34 Se van acomodando las patas en su lugar definitivo y se cosen, primero las delanteras...

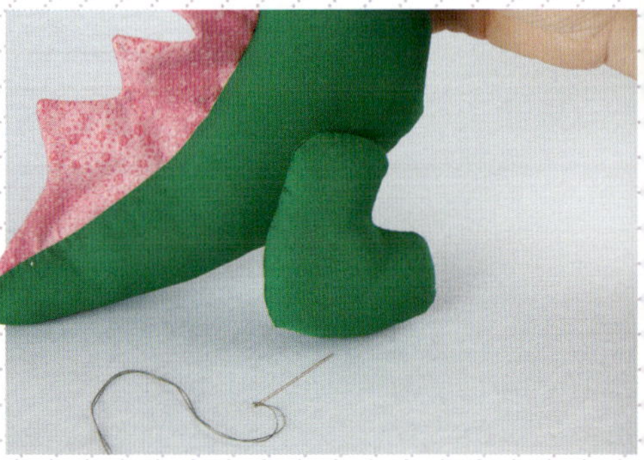

35 ... y a continuación las traseras.

✳✳✳ Detalles finales ✳✳✳

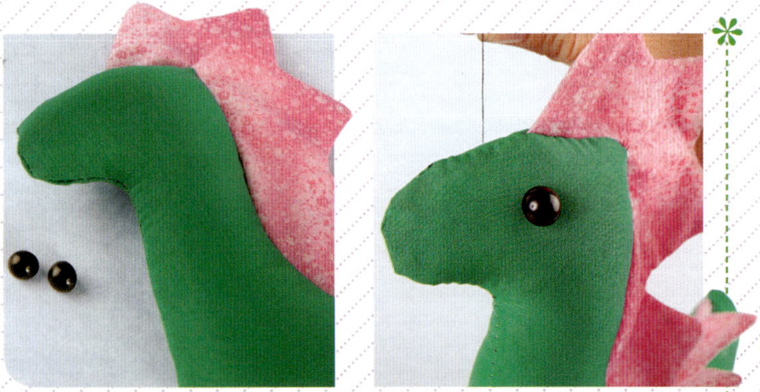

38 Este es el resultado final.

36 Para los ojos se utilizan botones redondos, que se cosen a la cabeza con hilo muy fuerte.

37 Para la boca se utiliza una aguja larga y se pasa de lado a lado varias veces, de manera que el dinosaurio esboce una sonrisa.

Muñeca

Es muy posible que en casa haya retales, trozos de tela, alguna prenda que ya no se va a utilizar, etc. Debemos pensar que, con un poco de imaginación, estos elementos a veces inútiles pueden servir perfectamente para realizar, por ejemplo, una muñeca como la que aquí se presenta.

Estos son los materiales y útiles que nos han servido para la realización de este ejercicio.

Este es el dibujo de conjunto de nuestra muñeca. Para este trabajo no hay patrones, en la descripción de los pasos se indican las correspondientes medidas.

✳✳✳ Preparación de piezas varias ✳✳✳

1 Para las piernas, se cortan dos rectángulos de unos 12 cm de ancho por 35 cm de largo.

2 Se cortan dos círculos de 16 cm de diámetro, proporcionales a las piernas, que serán los zapatos, y dos rectángulos pequeños que servirán para los lazos que adornan los zapatos.

3 Se hilvanan los círculos por todo su perímetro.

4 Una vez hilvanados, se recogen y rellenan.

5 Para los brazos se cortan dos cuadrados de 10 cm de lado y para el cuerpo dos rectángulos de 10 cm de ancho por 20 cm de largo.

Los elementos necesarios para confeccionar esta muñeca son varios y se pueden elegir libremente las telas y los colores, pero para que el resultado final sea satisfactorio es importante cuidar las combinaciones, evitando yuxtaponer telas de colores iguales o muy parecidos.

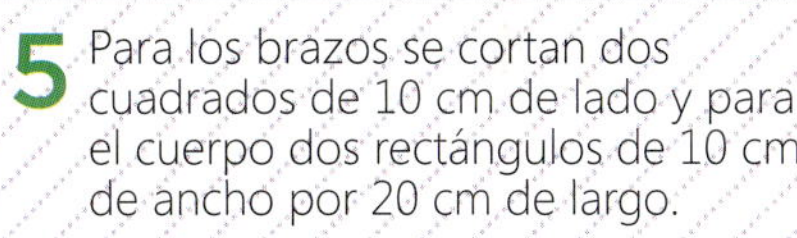

6 Para el vestido se corta un rectángulo de unos 25 cm de ancho por 80 cm de largo.

*** Piernas ***

7 Se cosen las piernas por la parte inferior y por el lado.

Si bien estos primeros pasos son fáciles y las acciones que en ellos se realizan no presentan mayor problema, esto no debe ser motivo para no actuar con atención. Un trabajo cuidado en los detalles siempre será garantía de un buen resultado final.

8 Se da la vuelta por la parte superior.

9 Con un lápiz se sacan las puntas y se acaba de arreglar el conjunto.

10 Se rellenan las piernas con cuidado de que queden iguales.

11

Se unen las piernas superponiéndolas.

12 Se cosen y aseguran bien.

*** Cuerpo y piernas ***

13

Para armar el cuerpo, se colocan las piernas ya unidas sobre uno de los rectángulos destinados al cuerpo, asegurándose de que quedan bien centradas.

14 Sobre las piernas se coloca la otra parte del rectángulo.

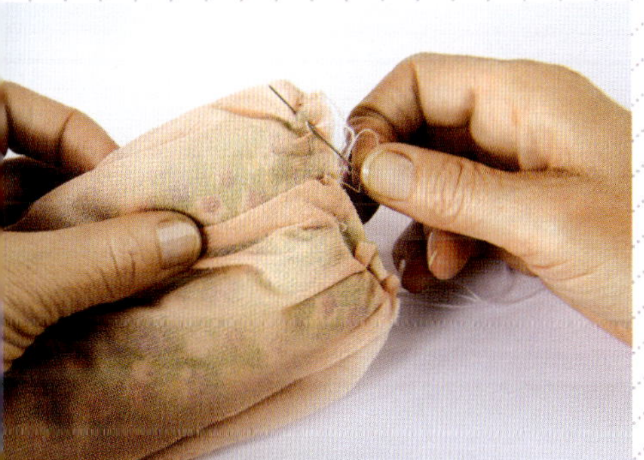

15 Con aguja e hilo se unen las tres partes haciendo un recogido en las partes destinadas al cuerpo.

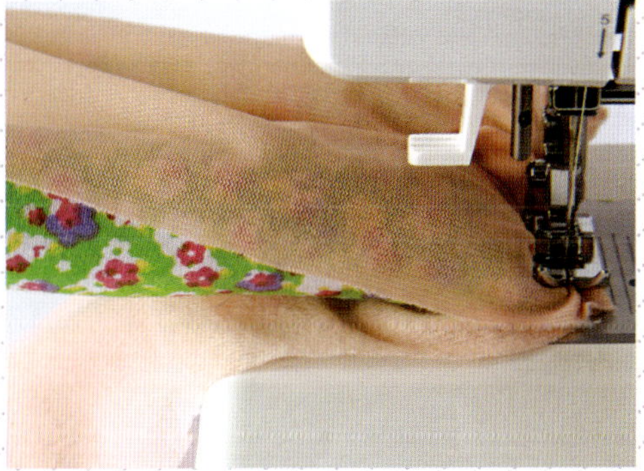

16 Con la máquina de coser se unen las tres piezas con doble costura.

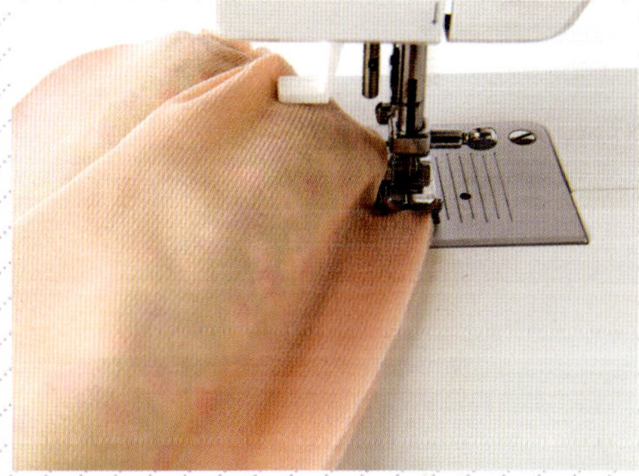

17 Se unen las dos partes del cuerpo, de manera que las piernas queden por dentro.

18

Se da la vuelta y se saca el cuerpo.

19

Se llena el cuerpo con abundante relleno hasta que quede muy duro.

20 Con pequeñas puntadas se cose por encima formando un recogido.

21 Se remata bien.

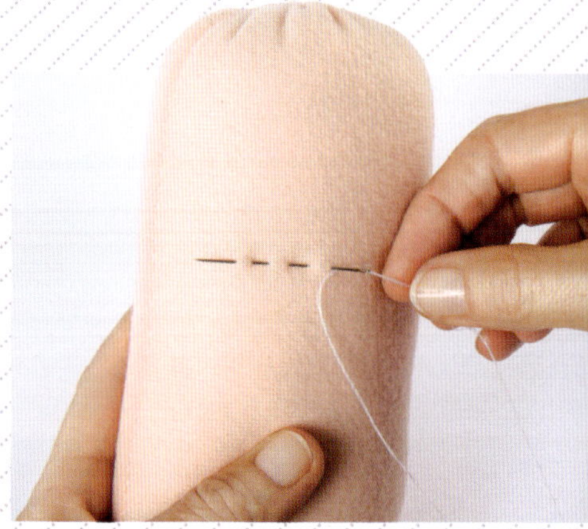

22 Hacia la tercera parte del cuerpo se dan unas puntadas muy pequeñas con la aguja.

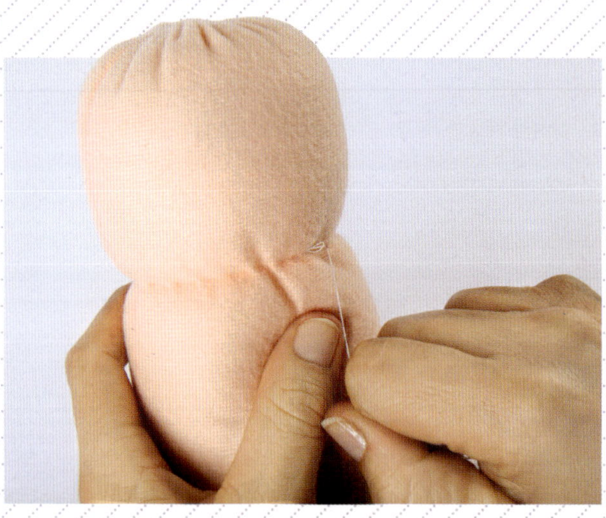

23 Se aprieta la hebra con cuidado de que no se rompa.

24 Con la misma hebra se dan unas vueltas para que queden bien diferenciadas las dos partes, cabeza y cuerpo.

✳✳✳ Colocación y adorno de los zapatos ✳✳✳

Para el hilván, siempre que se tenga que coser algo que después exigirá realizar un recogido, se recomienda utilizar un hilo fuerte. Con ello se evitará que, al tirar del hilo del hilván para el recogido, este hilo se rompa.

25 Se toma la pieza que había quedado preparada en el paso 4 y, con el dedo, se abre un hueco en el relleno.

26 En dicho hueco se introduce la pierna correspondiente y se cose a conciencia para que no se pueda desprender.

27 Este es el aspecto que ofrece nuestra muñeca en esta fase del proceso.

28 Se doblan las pequeñas piezas rectangulares que se han cortado anteriormente y se cubren las costuras de los zapatos.

29 Se cose con aguja e hilo a la parte frontal.

30 Se corta la tela al tamaño deseado para el lazo.

31 Se dobla la tela de manera que quede una forma de mariposa.

Hay que tener en cuenta que a las medidas de las piezas será necesario añadir unos 5-6 mm, que servirán para poder unir y coser unas piezas con otras, respetando, una vez hecho el cosido, las medidas que se han dado.

32 Se cose la tela y se aprieta la costura.

33 Con ello ya disponemos de los dos lazos para los zapatos.

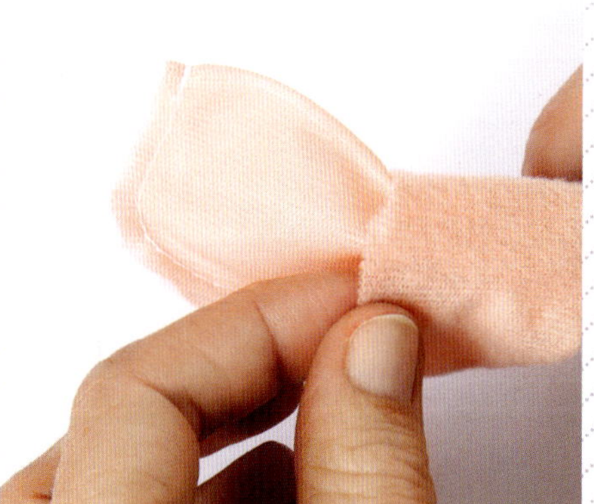

34 Se cosen los lazos a los zapatos.

✳✳✳ Brazos y vestido ✳✳✳

35 Se doblan los brazos y se cosen en uno de sus extremos y en uno de sus lados.

36 Se da la vuelta a la pieza obtenida y se rellena hasta que los brazos queden duros.

37 Se toma la tela que va a servir para el vestido y se adorna su borde inferior cosiendo el encaje.

38 Se dobla a lo largo la tela del vestido y se cosen sus extremos, como muestra la imagen. La dispondremos asegurándonos de que la unión queda justo en la mitad.

39 Se realiza un corte de unos 5 cm a uno y otro lado.

40 Se verifica que estos cortes han quedado iguales en ambos lados, puesto que es en ellos donde se ubicarán los brazos.

41 Se coloca un brazo en cada uno de los cortes y se asegura con un alfiler.

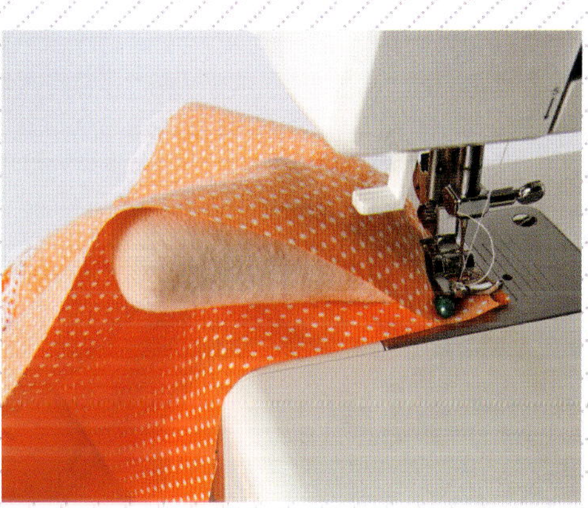

42 Con la máquina de coser se unen brazos y cuerpo con doble costura.

43 Se da la vuelta al vestido que, junto con los brazos que se le han pegado, debe ofrecer este aspecto.

Cuando se tienen que manejar varios elementos al mismo tiempo para formar, como en este caso, el vestido y los brazos, se recomienda actuar con atención y paso a paso. Además, será bueno utilizar alfileres y recurrir al hilvanado para impedir que se desbarate lo que se ha ido haciendo.

44 Con puntadas muy pequeñas se realiza un recogido en la parte superior del vestido.

45 Se aprieta la hebra y con ello se forma la parte superior del vestido. Hay que asegurar el vestido al cuello con unas pocas puntadas.

46 Se coloca el vestido en el cuello de la muñeca y se arregla para que quede bien acomodado.

47 Así es como tenemos la muñeca en este momento.

✳✳✳ Pelo y cara ✳✳✳

48 Para el pelo se utiliza lana de un color llamativo.

49 Se enrolla la lana sobre una superficie lisa. La cantidad de lana deberá guardar proporción con lo abundante que se desee la cabellera.

50 Antes de cortar, por un extremo, con aguja y lana del mismo color, se asegura el pelo.

51 Una vez asegurado el pelo, se corta por el extremo opuesto.

52 Con ello ya tenemos la peluca.

53 Para el flequillo se enrolla la lana en los dedos.

54 Se asegura con aguja e hilo en una punta y luego se corta.

55 Para los ojos se utilizan botones negros y se cosen en el lugar de la cara que corresponda.

56 Se cose el flequillo utilizando los ojos como referencia.

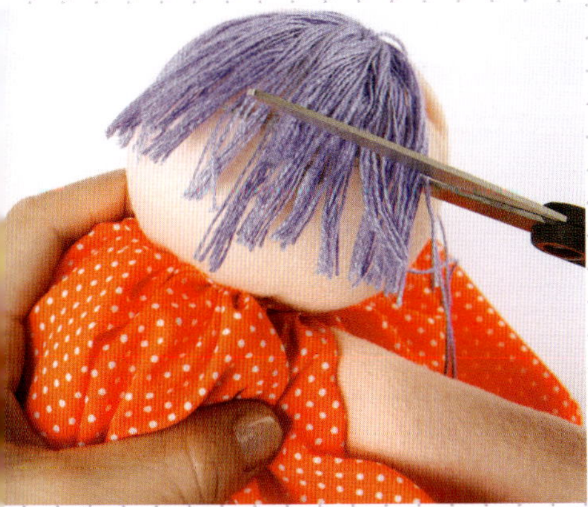

57 Se corta el flequillo justo por encima del nivel de los ojos.

58 Se coloca el pelo de la muñeca ligeramente hacia delante, de manera que quede unos 5 mm sobre el flequillo.

59 Con lana del mismo color se cose el pelo a la cabeza.

60 Se acomoda el pelo hacia delante, dándole su disposición definitiva.

61 Con la aguja se asegura en los lados mediante un remate.

62 Se corta el sobrante de pelo, cuyo largo se deja a voluntad.

63 Con hilo de color rojo y un par de puntadas se dibuja la boca.

64 Con una tela que contraste se realiza un lazo (ver pasos 30, 31 y 32) para adornar la cabeza.

65 Con cinta de agua se adornan las coletas.

66 Así es como ha quedado nuestra muñeca.

Como puede observarse, para el lazo de la cabeza se ha utilizado la misma tela que ha servido para los zapatos. Se ha decidido así porque de esta manera la muñeca queda mejor conjuntada.

Gusano

La presente propuesta es larga y puede
resultar complicada, pero teniendo en
cuenta que se llegará al final por fases,
si uno se concentra en cada una de
estas verá que no lo es tanto; además, el
proceso será divertido, ya que cada paso
es diferente de los otros. Se trata de actuar
relajado, poniendo atención a cada acción
y sin afán por terminar cuanto antes.

Este es el dibujo esquemático del gusano
que se va a confeccionar en la presente
propuesta. Los patrones de las piezas
necesarias se encuentran en la hoja 3,
dibujados en color verde oscuro.

En esta imagen se
muestran una serie de
materiales y herramientas
que se van a necesitar
para la elaboración de
nuestro gusano.

Preparación de cuerpo y pies

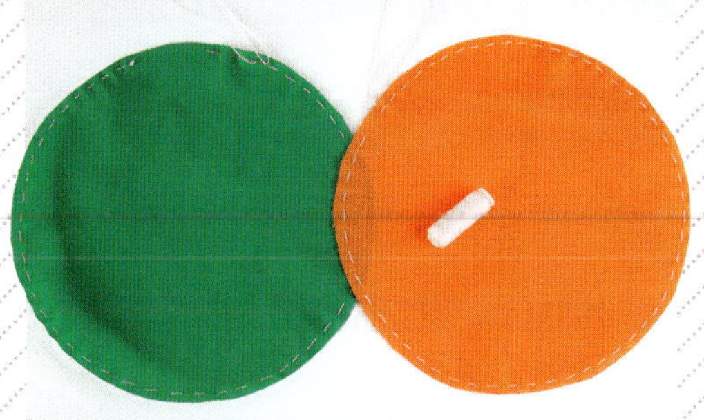

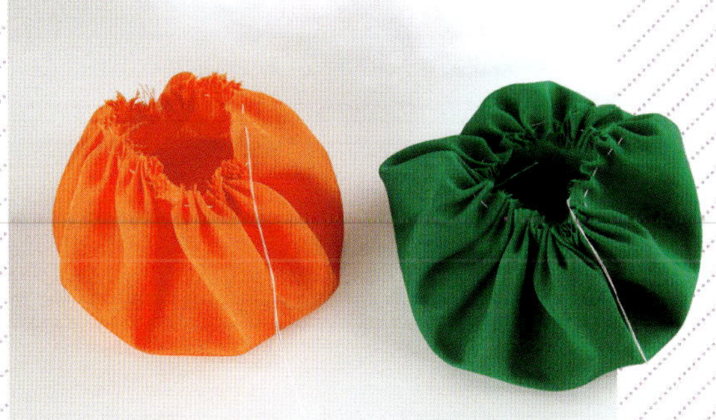

1 Para armar el gusano se necesita solamente cortar, de acuerdo con el patrón, unos círculos grandes, destinados al cuerpo, y otros más pequeños, para representar los pies.

2 Se hilvanan todos los círculos grandes y pequeños.

3 Una vez hilvanadas las piezas, se tira del hilo hasta conseguir que la tela se recoja y se forme una especie de bolsa.

4 Siguiendo el mismo método utilizado en los círculos grandes, se hilvanan ahora los pequeños.

5 Una vez hilvanados, se tira del hilo para conseguir las bolsas correspondientes, aunque dejando que la abertura quede algo amplia. Una vez realizado el recogido, no cortar el hilo sobrante; dejar, de momento, suelto.

6 Se van rellenando todas las bolsas grandes, que deben quedar bastante llenas y duras. Después se rellenan las bolsas pequeñas, que corresponderán a los pies. Estas no deben quedar muy duras.

7 Con todas las bolsas rellenas y cosidas, ya estarían todos los pies y los elementos del cuerpo debidamente preparados.

Cuando se vaya a coser, ya sea hilvanado o cosido, debe dejarse un margen mínimo de 1 cm hasta el límite de la pieza. Esto evitará que, a la hora del relleno, la tela se deshilache.

✳✳✳ Confección de las patas ✳✳✳

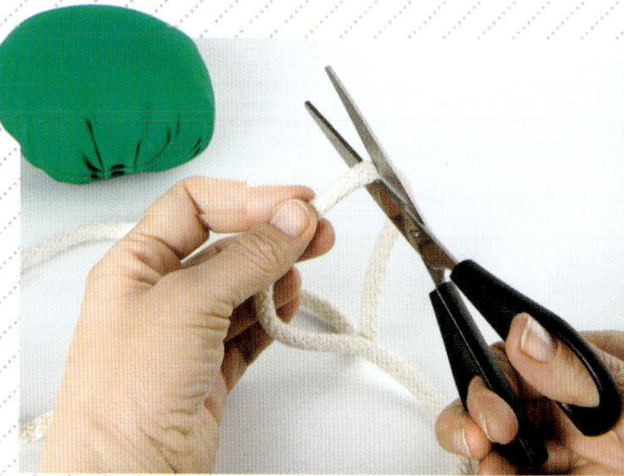

8 Para las patas se necesita un cordón grueso y bastante largo.

9 Para decidir la medida se coge una bola grande y el cordón que se va a utilizar. Se toma la medida del diámetro de la bola y se le añaden 22 cm. El resultado es la medida a la que se deberán cortar tantos trozos de cordón como bolas grandes se hayan previsto para formar el cuerpo del gusano.

10 Se cortan los trozos de cordón necesarios, todos ellos a la misma medida.

11 Se coge una bola pequeña y con un dedo (pulgar o índice) se forma en el relleno un hueco de unos 3 cm de profundidad.

12 Una vez abierto el hueco, se introduce hasta llegar a su fondo un extremo de un cordón. Ello asegurará que este ensamble no se deshaga.

13 Se cose ahora el extremo del cordón introducido con el pie por todo su contorno.

14 Se tira del hilo que recoge dicha bolsa para que ciña el cordón.

15 Se comprueba que la tela queda bien apretada al cordón y luego se remata.

16 Se repite la misma operación con todos los cordones.

✳✳✳ Adornos de los pies ✳✳✳

17 Se toma una cinta fina y transparente de unos 10 cm de largo. Con aguja e hilo y con puntadas seguidas y muy cortas se bordea uno de sus lados.

18 Se tira del hilo con el que se han dado las puntadas hasta dejarlo a unos 2 cm de largo, con lo cual se habrá conseguido un recogido.

19 Una vez conseguido el recogido, se arregla la cinta para que su conjunto quede bien presentado.

20 Se deben hacer tantos adornos como patas haya.

21 Para asegurar la unión, se pega el recogido sobre la bola del pie, procurando que la unión del cordón con dicha bola quede totalmente cubierta.

22 Este es el aspecto que ofrecen las patas con los adornos ya armados. Observe y tome nota de la combinación de colores que se ha hecho en ellos.

Para conseguir las patas del lado opuesto del gusano se repiten los pasos 11 al 15 exactamente igual, pero ahora utilizando el extremo del mismo cordón que había quedado libre y procurando que la bola pequeña que se le ensamble sea del mismo color que la que se colocó en el otro extremo del cordón.

23 Así es como debe quedar cada juego de pies del gusano.

✳✳✳ Unión de elementos. Patas-pies y cuerpo ✳✳✳

24 Se dobla el juego de patas (cordón y pies) por la mitad para encontrar el punto medio justo que servirá para su unión con la bola correspondiente al cuerpo.

25 En este punto se coloca silicona y se pega a la bola grande correspondiente. Después se refuerza la unión cosiendo ambos elementos.

26 Una vez acabada la unión de las patas con la bola del cuerpo, este conjunto debe verse así por debajo...

27 ...y de esta manera con la bola grande en su posición normal, vista frontalmente.

28 Observe un grupo de elementos del cuerpo ya debidamente armados.

✱✱✱ Montaje del cuerpo ✱✱✱

✱ 29 Para que sea más fácil la unión de las bolas del cuerpo, se recomienda utilizar la pistola de silicona, con la cual se pegarán dichas bolas; después, para reforzar la unión, se coserán una con otra con aguja e hilo.

✱ 30 Siguiendo el mismo procedimiento apuntado, se van uniendo más bolas, cuidando especialmente la combinación de los colores (recuerde que se trata de un detalle muy importante).

31 Se pueden colocar tantas bolas como se desee, de acuerdo con la longitud que se decida que tenga el gusano. La cantidad de elementos no supone ninguna variación en el método de trabajo.

Al realizar la unión de las bolas del cuerpo no debe olvidarse de que, una vez aplicada la silicona, es necesario sostener con las manos durante un cierto tiempo las dos bolas que se hayan unido, mientras se espera a que la silicona vaya produciendo su efecto. Solo después de esto se podrá proceder al cosido.

✻ 32 Para rematar la parte posterior del gusano se fabrica una pequeña bola y con silicona se pega en el punto de unión del juego de patas con la bola grande del cuerpo, para que dicha unión quede tapada.

✻✻✻ Detalles y acabados ✻✻✻

✻ 33 Para adornar los pies y cubrir algunas imperfecciones se realizan unos lazos pequeños en cinta estrecha de agua y se pegan con silicona, sin descuidar que su posición quede bien arreglada.

En cuanto a los adornos, hay que tener en cuenta una serie de cuestiones. En primer lugar deben ser en colores muy variados. A la hora de colocarlos en cada pie, se debe procurar que el color del adorno combine bien con el de la bola que forma el pie. Los adornos deben ceñirse estrechamente al cordón y justo por encima del pie, de manera que cubran la unión de ambos (cordón y bola del pie). Y también se debe procurar que todos los adornos sean de una misma medida para que contribuyan a la unidad del conjunto.

34 Puede verse en esta imagen el aspecto que presenta el gusano después de este paso.

35 Para la cara se utiliza una bola grande del mismo tamaño de las del cuerpo y de color rosa claro.

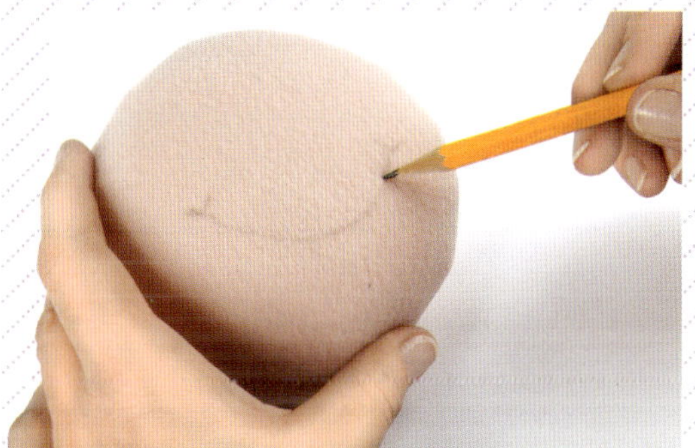

36 Con un lápiz blando se traza la línea que dibuja la boca. Debe ser una boca grande y que dibuje una sonrisa.

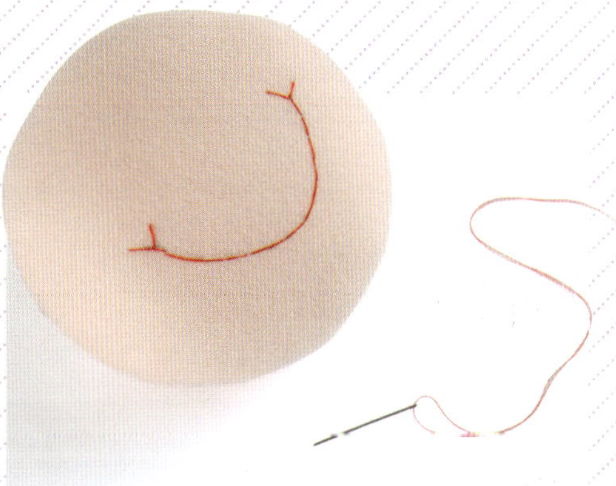

37 Una vez dibujada la boca, siguiendo la línea trazada se borda con hilo grueso de color rojo.

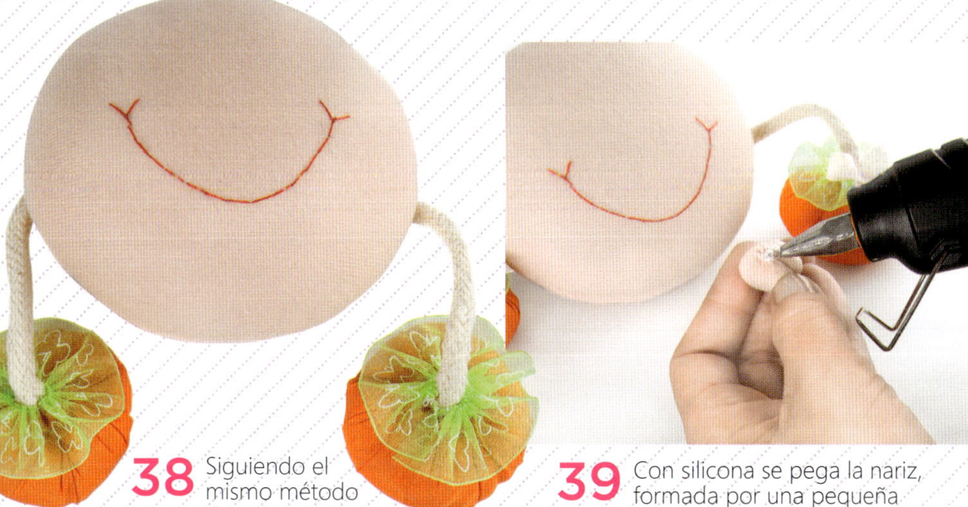

38 Siguiendo el mismo método de antes, se le pega a la bola un juego de patas.

39 Con silicona se pega la nariz, formada por una pequeña bola de color rosa.

40 Se forman varios rulos de lana que servirán para el cabello. Con silicona se pegan en la cabeza.

41 Este es el aspecto que presenta la cabeza del gusano en este momento.

42 Para las antenas se utilizan un par de alambres decorativos para regalo. Se rematan enrollándolas ligeramente.

43 En la parte superior de la cabeza y entre el pelo se practica un pequeño hueco que se llena con silicona hasta rebosar y en él se introducen las antenas.

44 Luego se arregla su disposición.

45 A continuación se pegan los ojos y se maquillan las mejillas con rubor, para que nuestro gusano, además de quedar bonito, pueda presumir.

46 Con ello se pone punto final a este ejercicio.

La principal dificultad del ejercicio que aquí se propone radica en la manera en que se ha ideado el cuerpo del animal. El hecho de que se haya optado por cuatro piezas, y que en ellas se incluyan las patas y la cola, no solo supone una dificultad a la hora de confeccionar la estructura de manera que todo encaje, sino también al tener que lograr que el relleno sea uniforme, tanto en el cuerpo como en sus extremidades. Para salir airosos de esta aventura, lo mejor es estudiar previamente todo el proceso, e incluso ensayar la realización de alguna de sus partes si se cree oportuno. Luego, cuando se haya entendido todo lo que se tiene que hacer, se empezará el trabajo.

En esta imagen aparecen una serie de materiales, hilos y cintas que se van a necesitar para la confección de nuestro gato.

Este es el dibujo esquemático del gato cuya realización se propone en este capítulo. Los patrones necesarios para las piezas se encuentran en la hoja 3, en color rojo.

*** Confección de la cabeza ***

1 Con la referencia del patrón correspondiente se cortan dos piezas.

2 Se superponen las piezas derecho con derecho de manera que coincidan y se cosen.

3 Se separan las dos piezas de tela...

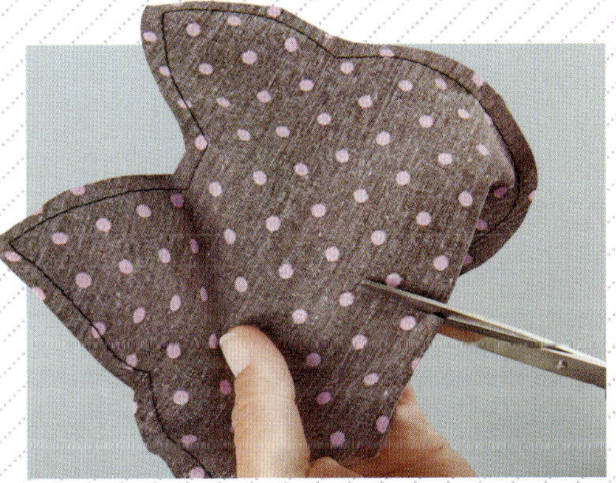

4 ... y con las tijeras se practica un corte de unos 2 cm de largo.

5 Por el corte realizado y con cuidado de no estropear la pieza, se le da la vuelta.

6 Con la ayuda de un lápiz se comprueba que la pieza ha quedado bien volteada.

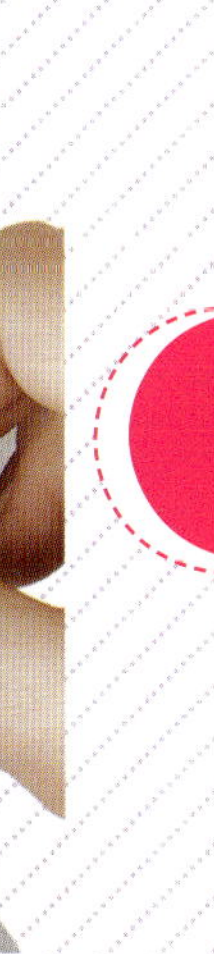

7 Una vez estiradas las costuras se rellena la cabeza.

8 Con ayuda de un lápiz se logra que las puntas, especialmente las orejas, queden correctamente rellenas.

9 El relleno deberá embutirse generosamente, puesto que interesa que la cabeza quede dura.

10 Se acomoda el relleno para que toda la cabeza quede uniforme y luego se cose el corte que se había hecho para el volteo y el relleno.

✳✳✳ Confección del cuerpo ✳✳✳

11 Para armar el cuerpo se cortan dos piezas de tela con la referencia del patrón, que servirán para la parte superior.

12 Se cortan también dos piezas para la parte inferior del animal.

Siempre que se dé la vuelta a una pieza, una vez se haya volteado será preciso repasarla con cuidado, estirándola y dándole forma, para asegurarse de que su aspecto se vea bien arreglado.

13 Se superponen las dos piezas de la parte inferior de manera que coincidan...

14 ... y se cosen por la parte que se indica en la imagen con un hilo de color lo más parecido posible al de la tela.

15

Este es el aspecto de la pieza una vez cosida.

16

Se superponen las piezas correspondientes a la parte superior del gato, de color amarillo, de manera que coincidan perfectamente, y se superpone a ellas la parte inferior, de manera que también coincidan, tal como se muestra en esta imagen.

17 Se marca con un lápiz el límite de la pieza de la parte inferior.

Las marcas con lápiz que corresponden al límite de la pieza inferior deben quedar bien situadas y marcadas, puesto que de ello depende que el gato no quede deforme.

18 Desde una de las marcas se cose el cuerpo del gato por todo su contorno, incluida la cola, hasta llegar a la otra marca.

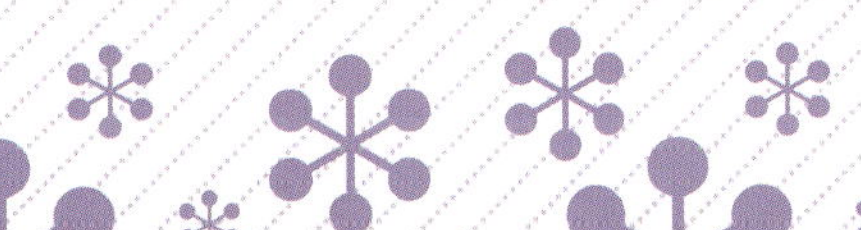

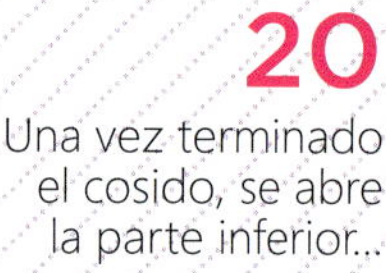

19

En este recorrido y en el lugar donde va a ir la cabeza se deja un pequeño tramo sin coser, por donde poder dar la vuelta a la pieza.

20

Una vez terminado el cosido, se abre la parte inferior...

21 ... y luego la superior.

22 Se coloca la parte inferior sobre la superior, enfrentando derecho con derecho.

23 Con aguja e hilo se unen las dos piezas con hilvanes.

Ya se ha recomendado que, en el proceso de realización de todo ejercicio, es conveniente pararse una y otra vez para observar atentamente lo que se lleva hecho y verificar los resultados. Incluso es bueno hacerlo con la intención de buscar errores e imperfecciones. En este proyecto esto es especialmente importante, ya que estamos ante un ejercicio de cierta complejidad, como ya se ha apuntado en el texto de presentación. Si se da un repaso a lo que se lleva realizado, uno se da cuenta de que son varias y muy diversas las actuaciones que se han hecho. Por ello es momento de someter dicho trabajo a un examen severo. Seguro que, en el mejor de los casos, se va a encontrar algo que se puede mejorar.

24 Una vez hilvanadas las dos piezas, el conjunto se verá así.

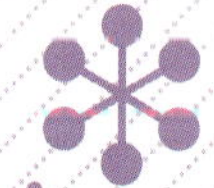
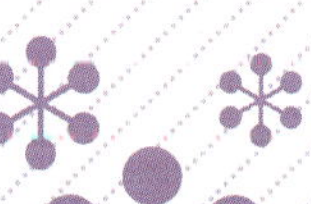

25 Se verifica que todo esté correcto y luego se cose el hilván a máquina.

26 Una vez cosido, se corta el hilo del hilván y se retira.

27 Por el tramo que se dejó sin coser se da la vuelta al cuerpo.

La mejor manera de conseguir que las dos partes coincidan perfectamente es unir las dos costuras, puesto que, al fin y al cabo, son las que regulan sus piezas respectivas.

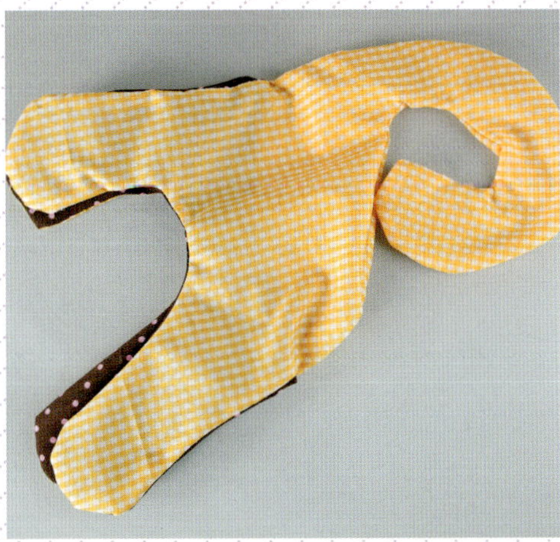

28 Aquí se muestran diferentes vistas del trabajo una vez volteado. Estas imágenes deben servir de ayuda y referencia para revisar a fondo todo cuanto se ha realizado. Verifique el acomodo de las telas, la unión de unas con otras, de qué manera el cosido sirve para representar adecuadamente las formas de cada parte del cuerpo, incluidas las patas y la cola, las costuras y la línea que siguen estas, etc.

29 Se verifica y se retoca todo lo necesario para que el volteado se vea perfecto y se empieza a rellenar con abundante material para que el conjunto quede muy duro.

30 A continuación se rellenan las patas, que también deben quedar muy duras.

31 Por último, se rellena el cuerpo.

32 Una vez terminada esta fase, este es el aspecto que ofrece el gato.

33 Se corta una pieza circular sobre una tela de color rosa claro, que servirá para el trabajo de la cara.

34 Se cose la pieza a la cabeza.

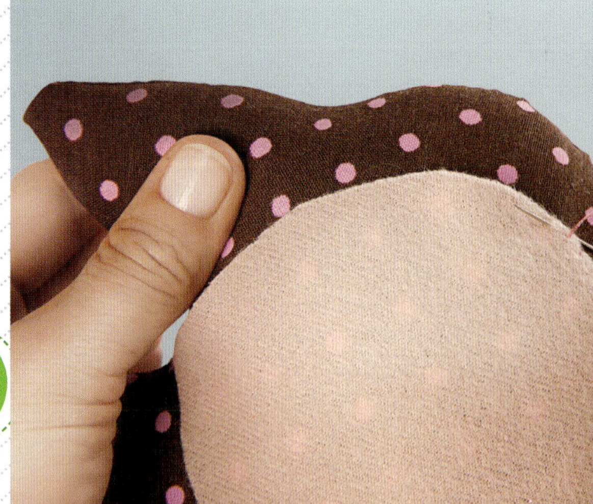

En la fase de relleno no deje de poner especial atención a la cola. Por su forma y situación no será fácil conseguir que dicho relleno alcance a todos sus recovecos. Habrá que ayudarse de algún instrumento para alcanzar cualquier área por escondida que esté. Recuerde que todo el gato debe quedar muy duro para que se aguante bien y ofrezca su mejor aspecto.

35

Así queda la pieza después de haberse cosido.

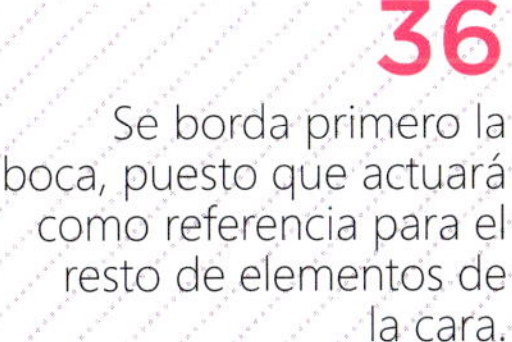

36

Se borda primero la boca, puesto que actuará como referencia para el resto de elementos de la cara.

37 Y así es como queda.

38 Con una punta de silicona se pega la nariz, que se ha obtenido con una pequeña pieza de tela, justo sobre el extremo de la línea vertical que arranca de la boca.

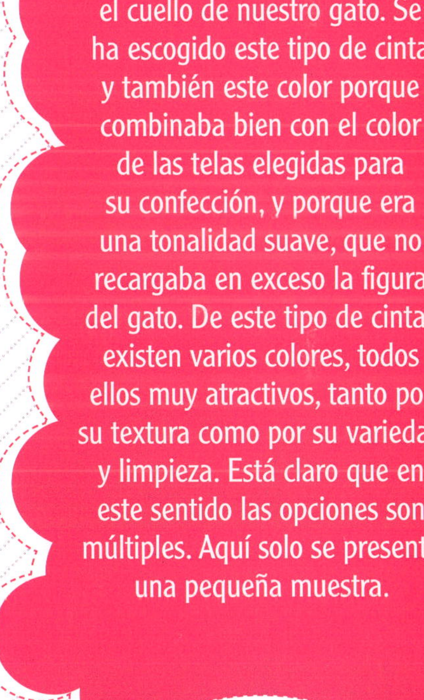

En este ejercicio se ha optado por una cinta de agua para adornar el cuello de nuestro gato. Se ha escogido este tipo de cinta y también este color porque combinaba bien con el color de las telas elegidas para su confección, y porque era una tonalidad suave, que no recargaba en exceso la figura del gato. De este tipo de cintas existen varios colores, todos ellos muy atractivos, tanto por su textura como por su variedad y limpieza. Está claro que en este sentido las opciones son múltiples. Aquí solo se presenta una pequeña muestra.

39 Muy cerca de la nariz se cosen el par de cuentas con que se representan los ojos.

40

Se cose la cabeza al cuerpo y se remata bien el cosido para que quede fuerte y seguro.

41

Con cinta de agua se hace un lazo grande y de color luminoso, pero delicado, para que contraste con el conjunto del gato

Ya sea porque se trata de un animal doméstico que abunda en muchos hogares, porque ha sido protagonista de muchas historietas o porque muchos lo tienen personalizado, un gato se presta a muchos cuidados y adornos (vestido, pelo, cuello, cola, etc.). En este ejercicio se ha elegido tan solo un adorno para el cuello. Cualquiera que sea la opción que se tome para adornar el gato, vale la pena tener presente una norma: pocos adornos, aunque, eso sí, bien elegidos y adecuadamente ubicados.

42

Se coloca el lazo en el cuello de manera que tape el cosido de cabeza y cuerpo. Se pega con silicona y después, para asegurarlo mejor, se cose.

43

Así es como ha quedado nuestro gato.

Conejo

Este ejercicio servirá para repasar la combinación de colores. Nuestro lector ya ha podido ver que muchas veces los colores que se han utilizado para determinados muñecos poco tienen que ver con el color natural del animal que se ha representado, lo cual se ha hecho expresamente. La elección de los colores y, sobre todo, su combinación es uno de los recursos que pueden utilizarse para fines estéticos y para que, en definitiva, nuestras creaciones adquieran más atractivo. El añadido de la zanahoria y algún otro detalle que puede observarse en esta propuesta constituyen un buen ejemplo de ello.

En esta imagen se presenta un bodegón con un conjunto de materiales y herramientas que se van a utilizar para la realización del presente ejercicio.

Este es el dibujo esquemático del conejo que se va a realizar en este apartado. Los patrones correspondientes a este ejercicio se encuentran dibujados en negro en la hoja 3.

✳✳✳ Confección de los brazos ✳✳✳

1 Estos son los patrones que se van a necesitar para la realización de nuestro conejo.

2 Para armar los brazos, con el patrón como referencia se cortan cuatro piezas, dos para cada brazo.

3 Con las cuatro piezas se forman dos parejas y en cada una de ellas se superponen las dos piezas de manera que coincidan exactamente.

4 Una vez las piezas coincidan, se cosen con la máquina en todo su perímetro.

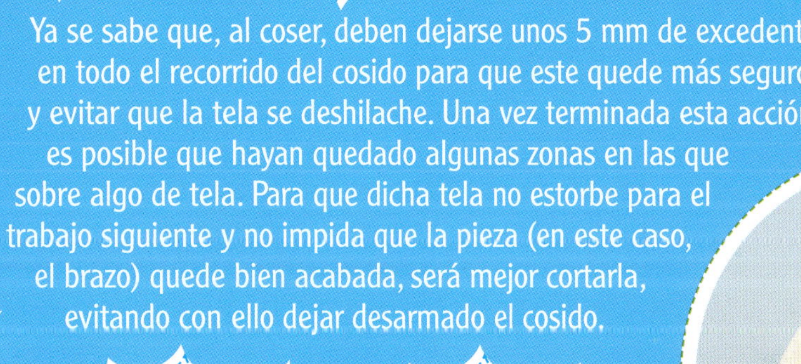

Ya se sabe que, al coser, deben dejarse unos 5 mm de excedente en todo el recorrido del cosido para que este quede más seguro y evitar que la tela se deshilache. Una vez terminada esta acción, es posible que hayan quedado algunas zonas en las que sobre algo de tela. Para que dicha tela no estorbe para el trabajo siguiente y no impida que la pieza (en este caso, el brazo) quede bien acabada, será mejor cortarla, evitando con ello dejar desarmado el cosido.

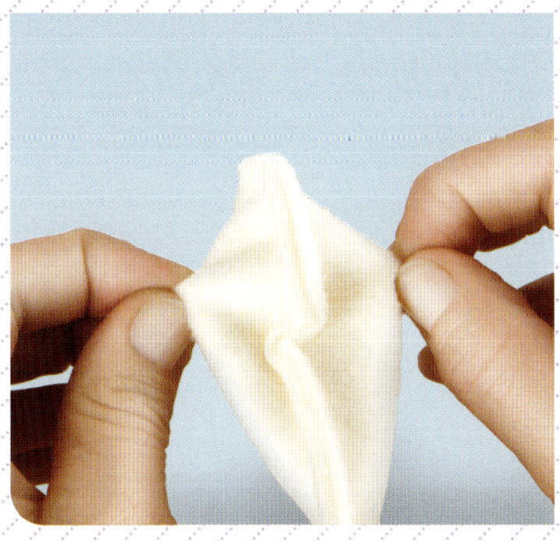

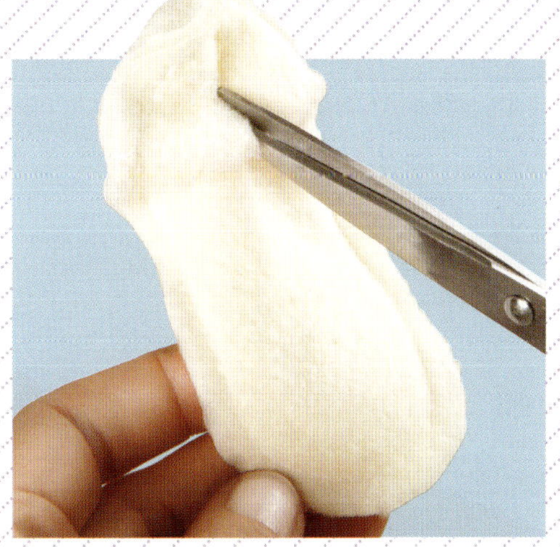

5 Una vez realizado el cosido, con las manos se separan las dos piezas y luego, en una zona discreta, se practica un pequeño corte de unos 2-3 cm, que servirá para dar la vuelta a la pieza y para el relleno.

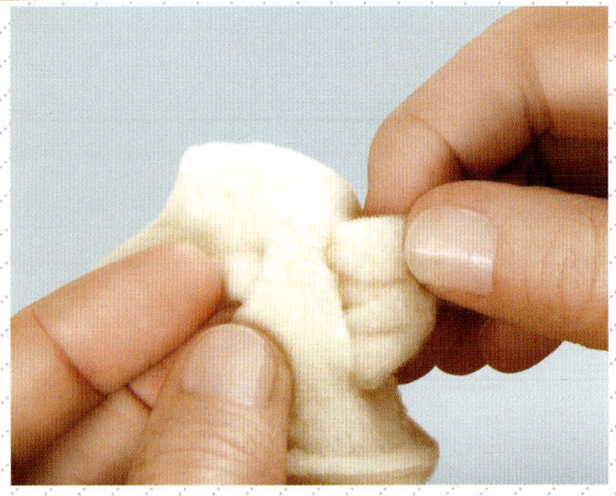

6 Con cuidado de no romper o dañar la tela se da la vuelta al brazo, para que dicha tela quede del derecho.

7 Con los dedos se friccionan los bordes de la tela para acomodar las costuras, de manera que queden bien salidas.

8 Así es como debe verse la pieza, una vez volteada y acomodada.

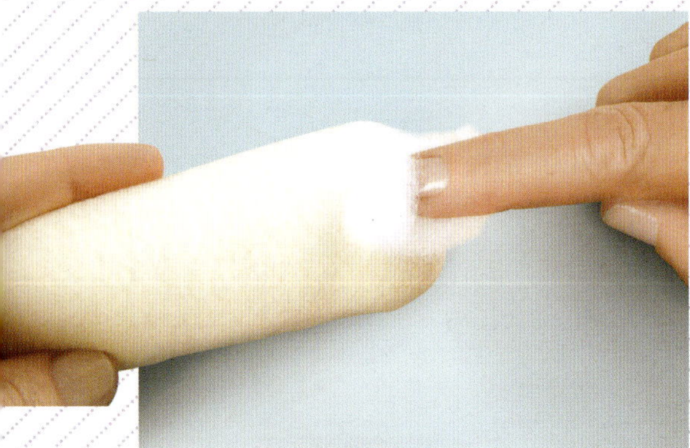

9 Se rellena el brazo con abundante algodón siliconado, puesto que interesa que los brazos queden muy duros.

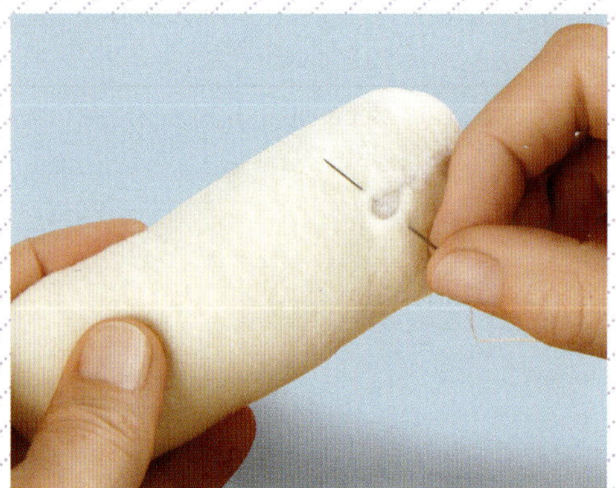

10 Una vez ha quedado comprobado que el brazo ha ha quedado muy duro y el material de relleno está bien repartido, sin que forme prominencias ni hayan quedado huecos, se cose el pequeño corte que se había practicado.

11 Este es el aspecto que tienen los dos brazos una vez terminados.

✳✳✳ Confección de los otros elementos ✳✳✳

12 Con ayuda del patrón correspondiente se cortan cuatro piezas que servirán para confeccionar las piernas.

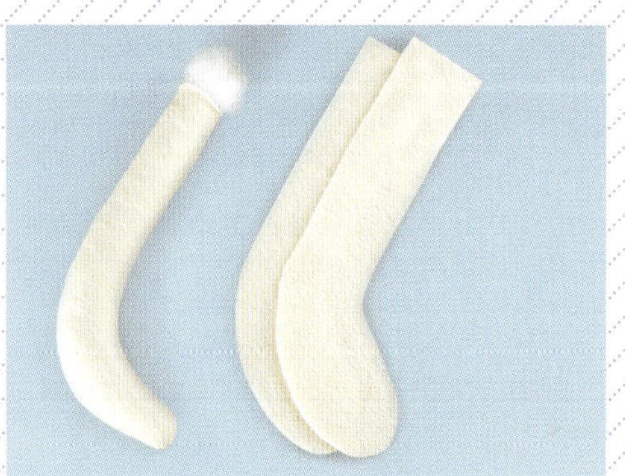

13 Se juntan las piernas, se hacen coincidir y luego se cosen, igual que se ha hecho con los brazos. También se rellenan para que queden muy duras.

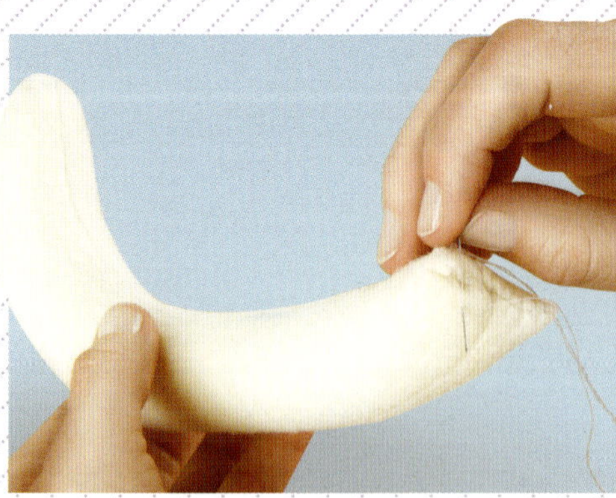

14 Una vez rellenas las piernas y verificada la uniformidad del embutido, se cose la parte que se había dejado sin coser y que ha servido para voltear y rellenar.

15 Estos son los patrones que se necesitan para la cara...

16 ... y estos los que van a servir para el cuerpo.

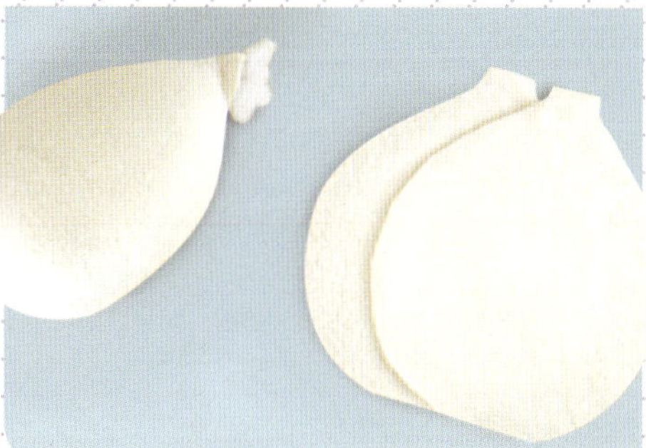

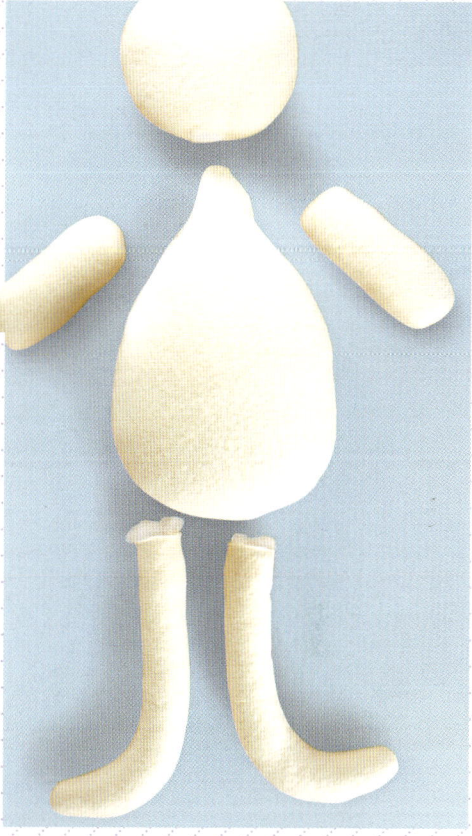

17 Todos los elementos del conejo se confeccionan siguiendo paso a paso el mismo proceso que se ha seguido para confeccionar los brazos: superponer las piezas, haciendo que coincidan, coserlas, cortar el excedente de tela, hacer un corte para el volteo de la pieza y su posterior relleno, embutir de manera que el elemento quede muy duro, verificar que el algodón siliconado ha quedado uniforme y coser el corte que ha servido para el relleno.

18 Una vez confeccionadas todas las piezas del conejo, es así como tienen que verse.

✳✳✳ Montaje del conejo ✳✳✳

19 Para unir la cabeza con el cuerpo se utiliza un palito de madera de unos 15 cm de largo, para que sirva de armadura y soporte al mismo tiempo.

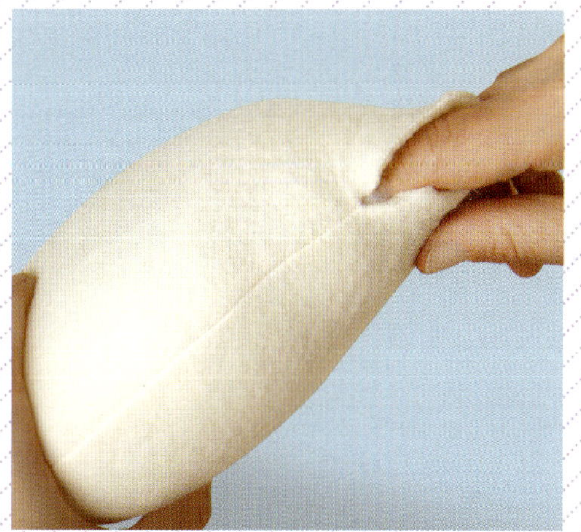

20 Con la punta de los dedos, en el relleno que se hizo en la pieza del cuerpo se practica un hueco de unos 8 cm de profundidad.

21 En dicho hueco se introduce el palito, procurando que encaje bien.

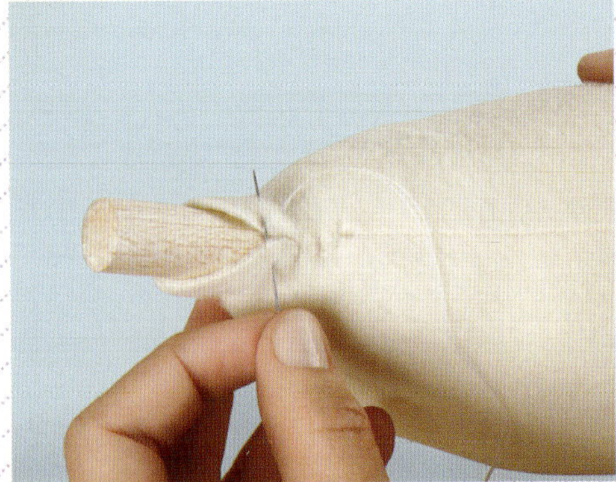

22 Se acomoda el palito, se le aproxima el relleno para que quede bien sujeto y se cose la tela lo más ajustada posible al palo, con cuidado de que el acabado quede correcto y apto para poder ensamblarse bien con la cabeza.

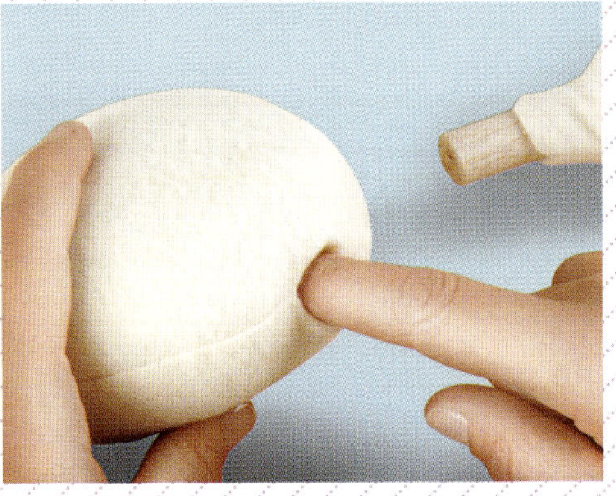

23 Lo mismo que se ha hecho con el cuerpo se hace ahora con la cabeza, empezando por practicar un hueco de unos 7 cm en el relleno.

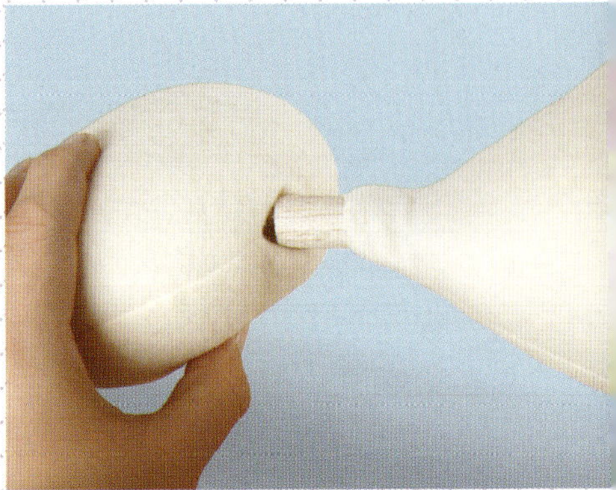

24 Una vez hecho el hueco, se une la cabeza con el cuerpo.

25 Se acomoda bien la unión para que quede lo más ajustada y perfecta posible y luego se cose.

26 Con aguja e hilo se cosen los brazos, haciendo que los dos queden a una misma altura y situados simétricamente.

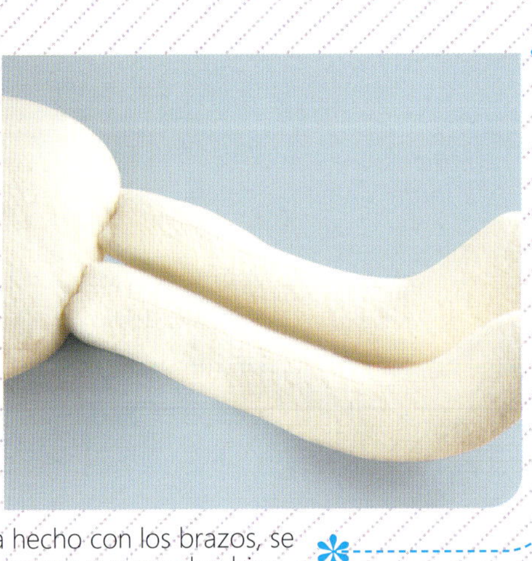

27 Luego, igual que se ha hecho con los brazos, se cosen las piernas, de manera que queden bien ubicadas en el conjunto y simétricas entre sí.

28 Así ha quedado el conejo una vez finalizada la fase de montaje.

✱✱✱ Orejas ✱✱✱

29

Para armar las orejas, se cortan dos piezas con la referencia del patrón correspondiente.

30

Se superponen las dos piezas de manera que coincidan perfectamente y se cosen en todo su perímetro, aunque dejando libre, sin coser, la zona que corresponde a la base.

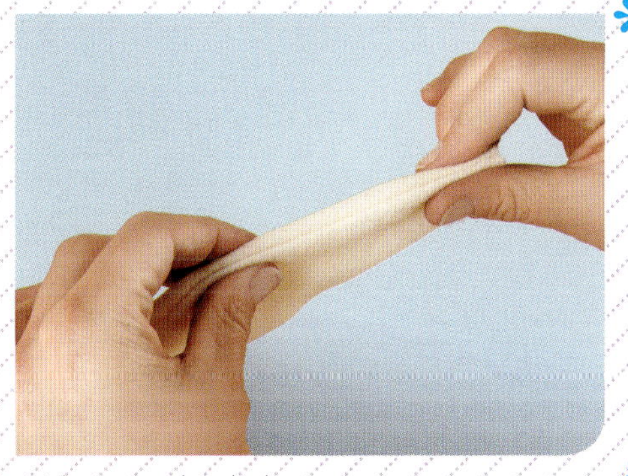

31 Se da la vuelta a las piezas cosidas, arreglando las costuras para que queden bien acomodadas.

32 Para cada oreja se corta un alambre de unos 4 cm más largo que la longitud de la oreja y se dobla por la mitad para dar la forma deseada a dicha oreja.

La operación de voltear las piezas no es complicada, pero, una vez realizada, sí es muy importante cuidar que la pieza haya quedado bien y, sobre todo, que las costuras queden bien marcadas y definidas, puesto que, de no ser así, una vez hecho el relleno el elemento que con él se haya obtenido tendrá un aspecto desarreglado. Ello quiere decir que, antes de proceder al relleno, es imprescindible una revisión de la pieza para que su aspecto quede perfecto.

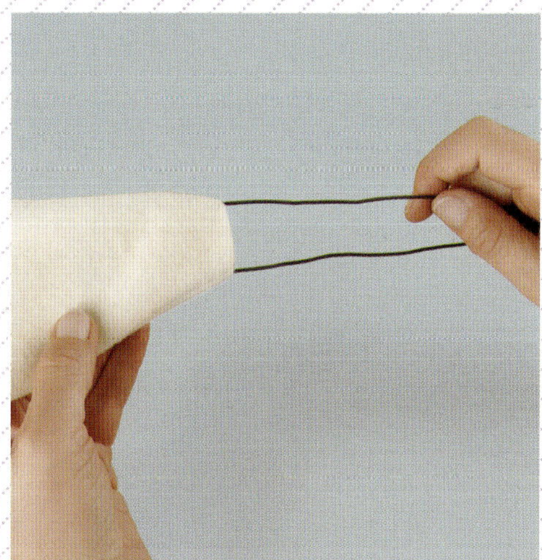

33 Se introduce el alambre en la oreja correspondiente...

34 ... de manera que, una vez introducido, sus extremos sobresalgan por la base algunos centímetros.

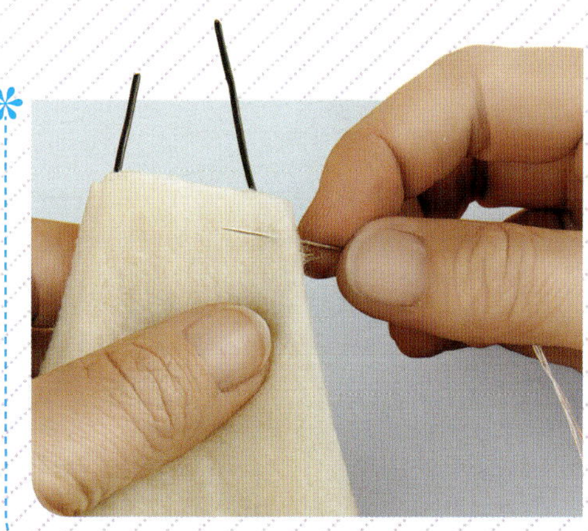

35 Una vez acomodado el alambre en su lugar correspondiente, con puntadas medianas se va cerrando la base.

36 A continuación se tira de la hebra para que la base quede bien cerrada y los alambres se unan.

37 Luego, con la hebra, se le dan unas vueltas al cosido de la tela, apretando fuertemente el hilo y rematándolo bien, para que el conjunto quede firme y seguro.

38 Se toman los dos alambres y se enrollan entre sí, procurando que al final quede una punta libre.

Recuerde que, siempre que se tengan que montar dos elementos parejos (brazos, pies, ojos, orejas, etc.), es necesario estudiar previamente dónde y cómo se van a colocar. En estos casos es imprescindible igualar la altura y el lugar en que se van a ubicar y, sobre todo, no olvidar que una vez montados deben respetar escrupulosamente la simetría.

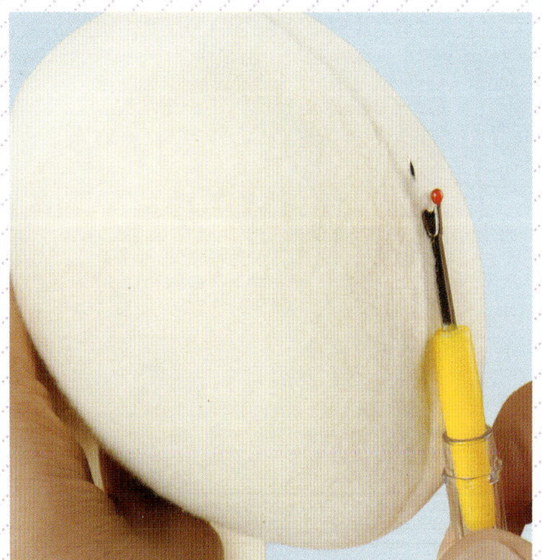

39 Con un desbaratador se practica un agujero muy pequeño justo en el punto en el que se van a introducir las orejas.

40 Se introduce totalmente la punta del alambre por el agujero hasta que las dos telas, la de la oreja y la de la cabeza, queden pegadas.

41 Con la pistola de silicona se pega la unión de la oreja con la cabeza.

42 Se repite la acción con la otra oreja. Es importante sobre todo que la unión de la oreja con la cabeza quede bien asegurada.

43 Se da forma a las orejas de acuerdo con el aspecto que se desea que tengan.

44 Así se ve nuestro conejo en esta fase del proceso.

✳✳✳ Cara ✳✳✳

45 Se cosen los ojos (un par de botones a manera de cuentas), teniendo cuidado de que queden bien centrados y ubicados.

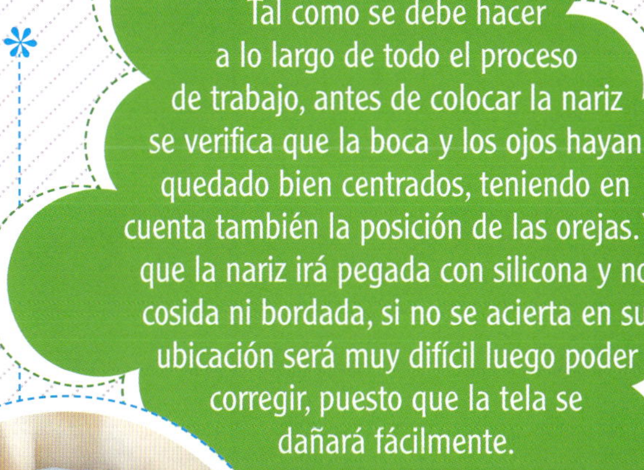

Tal como se debe hacer a lo largo de todo el proceso de trabajo, antes de colocar la nariz se verifica que la boca y los ojos hayan quedado bien centrados, teniendo en cuenta también la posición de las orejas. Ya que la nariz irá pegada con silicona y no cosida ni bordada, si no se acierta en su ubicación será muy difícil luego poder corregir, puesto que la tela se dañará fácilmente.

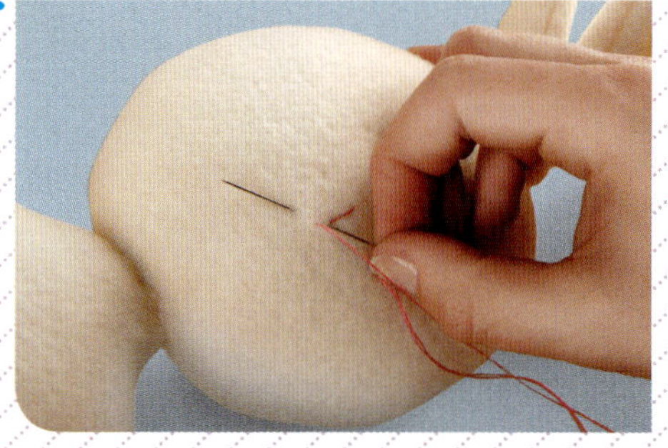

46 Con puntada seguida y con hilo de color rojo se borda la boca.

49 Este es el aspecto del conejo tal como se encuentra en este momento.

47 Se coloca la nariz en su lugar y se pega con una punta de silicona.

48 Así es como aparece la cara del conejo.

Cómo confeccionar una zanahoria

a. Siguiendo la referencia del patrón correspondiente, se cortan dos piezas de forma triangular.

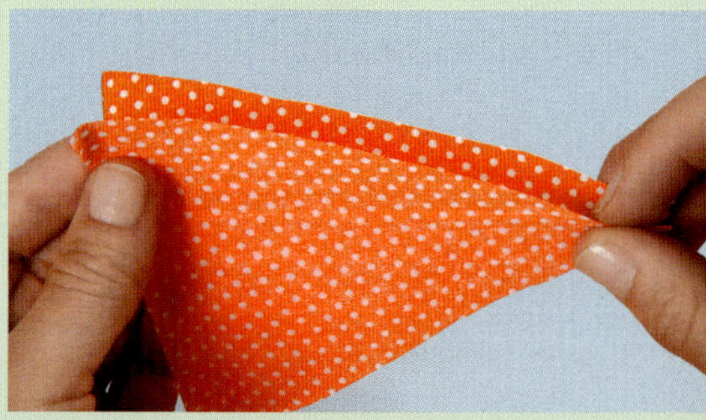

b. Se superponen las dos piezas de manera que coincidan perfectamente...

c. ... y se cosen con la máquina, dejando sin coser el lado corto del triángulo, que va a formar la parte superior de la zanahoria.

d. Se da la vuelta a la pieza y se procura que toda la zanahoria quede bien volteada. Después se cose la abertura.

e. Se rellena la zanahoria en abundancia para que quede muy dura, poniendo cuidado en que también llegue suficiente material de relleno a la punta.

f. Se tira del hilo que ha servido para hilvanar para que en la parte superior de la zanahoria se forme un recogido.

g. Así, vista por varios lados, es como debe quedar la zanahoria.

h. Para las hojas se utiliza una cinta de agua de color verde.

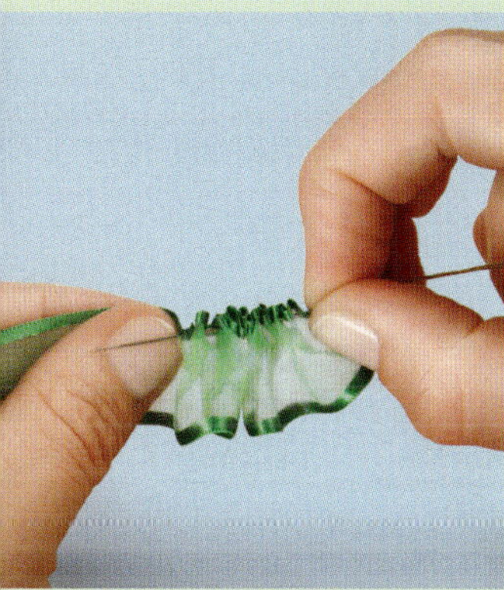

i. Por uno de los bordes de la cinta se dan una serie de puntadas pequeñas y seguidas.

j. Luego, con cuidado, se va tirando del hilo de manera que se forme un recogido.

k. Una vez recogido totalmente el borde de la cinta, se enrolla y se forma una lazada y, para que esta no se desbarate o deshaga, se cose con aguja e hilo.

l. He aquí, ya terminados, los dos elementos de la zanahoria.

m. Se coloca la lazada en la parte superior de la zanahoria y se pega con silicona.

n. Esta es la zanahoria ya totalmente terminada y a punto para ser incorporada al conejo.

La lazada colocada en la parte superior de la zanahoria servirá no solo para cubrir la boca por la cual se introdujo el relleno, sino también para representar las hojas y aportar al conejo un toque de color que, bien combinado con el naranja de la zanahoria propiamente dicha, hará que nuestro animalito resulte más colorido y atractivo.

Es bueno jugar con el color y buscar cualquier excusa que ayude a nuestros muñecos a que tengan un mejor aspecto y mayor atractivo. En este caso, el añadirle una zanahoria, además de tratarse de algo muy unido tradicionalmente a las historietas y los cuentos de conejos, aporta una interesante nota de color.

50 Se pega la zanahoria a los brazos del conejo.

51 Con un poco de maquillaje se da color a las mejillas del animal.

52 Con una cinta de color intenso, que con seguridad creará un contraste con el blanco del conejo, se realiza un lazo.

53 Se aplica silicona en la base de las orejas, allí donde se unen con la cabeza...

54 ... y se pega el lazo, de manera que tape la unión de las orejas con la cabeza.

55 Vea el aspecto que ofrece nuestro conejo ya terminado.

Muñeca
de cuerdas

La presente propuesta, algo extensa, puede suponer un reto para quien va a realizarla, puesto que exigirá una serie de acciones que necesitan poner en práctica diferentes técnicas variadas. Es, por lo tanto, una excelente oportunidad para someterse a un autoexamen y evaluar no solo el nivel de conocimiento, sino también hasta qué punto se domina cada paso. De todas maneras, con tiempo, tranquilidad, atención y paciencia, tampoco será tan difícil superar la prueba.

Esta fotografía presenta diferentes telas, materiales, herramientas y accesorios necesarios para la realización de nuestra muñeca.

Dibujo esquemático de la muñeca cuya realización se propone en el presente capítulo. El único patrón que se necesita se encuentra en la hoja 3, dibujado en color violeta.

✳✳✳ Armadura del cuerpo ✳✳✳

1 Para el cuerpo se utiliza una cuerda algo gruesa, de la cual se cortan con un cúter dos trozos, uno muy largo para el cuello, el cuerpo y las piernas, y otro mucho más corto para los brazos.

2 Se toma la cuerda más larga y se dobla en dos partes iguales, de manera que los extremos coincidan exactamente.

3 Se toma la medida de la cuerda más corta y se coloca a unos 4 cm del extremo doblado de la cuerda larga, correspondiente al cuello, para estudiar la altura a la que deben quedar situados los brazos.

4 Una vez decidida la posición exacta de la cuerda de los brazos en relación con la del cuerpo, se unen ambas mediante silicona en el punto de unión.

5 Con aguja e hilo se cosen los dos brazos.

La silicona que se coloca en el punto de unión de las dos cuerdas tiene como objetivo unirlas y fijarlas por su punto justo y, al mismo tiempo, facilitar después su cosido.

6 Así deben quedar las dos cuerdas una vez unidas.

✳✳✳ Confección del vestido ✳✳✳

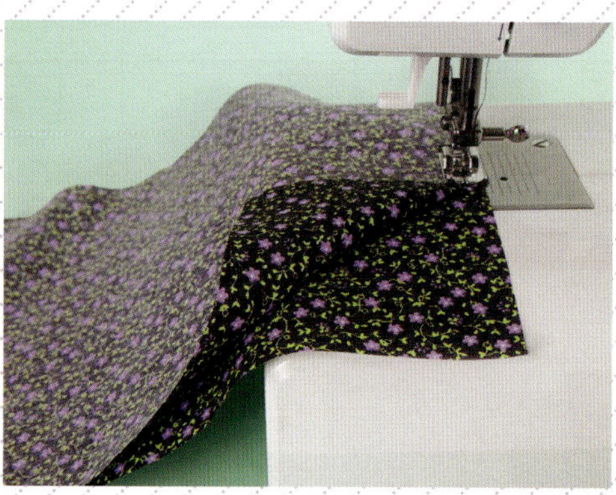

7 Para el vestido se toma una pieza de tela de 25 cm de ancho por 1 m de largo.

8 Se dobla por la mitad el largo de la tela y se unen sus extremos con la máquina de coser.

9 Sin dar la vuelta a la tela cosida, se abre la costura formada con el cosido y se plancha para que la tela quede mejor acomodada y sea más fácil trabajarla después.

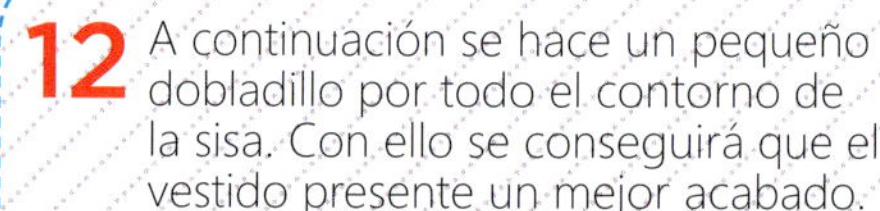

12 A continuación se hace un pequeño dobladillo por todo el contorno de la sisa. Con ello se conseguirá que el vestido presente un mejor acabado.

10 Con la máquina se hace un dobladillo por todo el perímetro de la tela que se ha cosido.

11 Se da la vuelta al vestido y se dobla por la mitad, y luego, en las esquinas, se cortan unos 3 cm por la parte superior y hacia abajo.

13 Una vez realizado el dobladillo de las dos sisas, con puntadas pequeñas y seguidas se recoge la tela que va desde una sisa a otra o de lado a lado hasta dejarla a unos 5 cm de diámetro.

14

Se repite la misma acción en el lado opuesto. Con ello quedarán formadas las partes anterior y posterior del vestido.

15

Así es como debe quedar el vestido una vez finalizado su recogido.

❋❋❋ Cómo vestir la muñeca ❋❋❋

❋ 16

Para vestir la muñeca se introduce el vestido por los pies y hacia arriba. A continuación se acomodan los brazos con las sisas y se une la parte anterior del vestido con la parte posterior. Con ello se logrará sostener el vestido y marcar los hombros de la muñeca.

17

Una vez montado el vestido, es así como debe verse nuestro trabajo.

Una de las dificultades que puede presentar este ejercicio es combinar adecuadamente dos materiales tan diferentes como la tela y la cuerda, muy dura y difícil de dominar. La utilización de un alambre de un cierto grosor como armadura de la cuerda puede ser un buen medio para modelarla mejor.

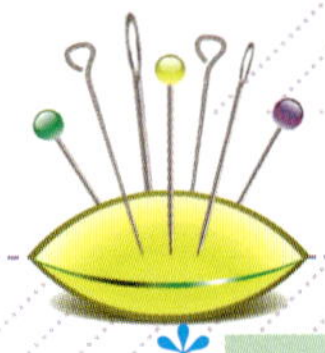

Muñeca de cuerdas

✳18 Para cubrir las imperfecciones del cuello se puede recurrir a trucos como lazos o cintas. En nuestro caso se ha echado mano de una banda de encaje de 2-3 cm de ancho. Con ella se ha hecho un recogido con puntadas muy pequeñas. Además de cubrir el cuello y todas las uniones que en él tenían lugar, se ha conseguido dar a esta zona un mayor realce.

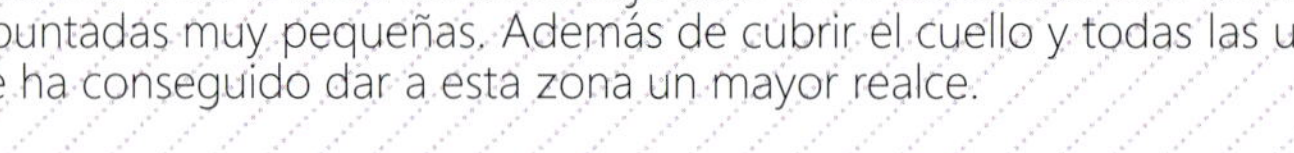

✳✳✳ Cabeza ✳✳✳

   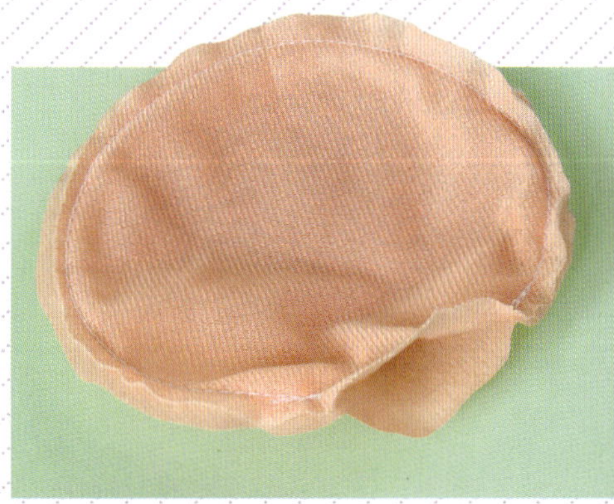

19 Para la cabeza se cortan dos piezas circulares proporcionales al tamaño del cuerpo.

20 Los dos círculos se superponen exactamente y luego se cosen a máquina en todo su perímetro...

21 ... dejando en la zona del cuello un pequeño tramo sin coser, suficientemente grande para después poder dar la vuelta a la cabeza.

23

Después de verificar que el relleno ha quedado uniformemente repartido, por el mismo tramo que se dejó sin coser y se introdujo el relleno se introduce todo el doblez de la cuerda que corresponde al cuello.

22 Después de haber acomodado bien la cabeza, una vez volteada se le introduce el relleno por el mismo tramo sin coser que ha servido para el volteo.

24

Se acomoda el cuello de la cabeza con el del vestido y se cose con aguja e hilo.

25

Después de la unión de la cabeza con el cuello así aparece el trabajo.

✳✳✳ Calzado ✳✳✳

26
Para el calzado se cortan dos piezas cuadradas.

27
Se les hace un doblez de unos 2 cm...

28
... y se doblan por la mitad.

29
A continuación se cosen a máquina...

30
... y se les da la vuelta para que queden del derecho.

31
Se coloca el calzado en los pies.

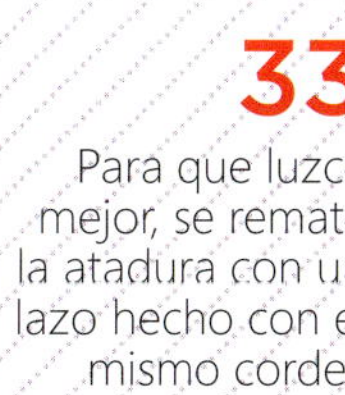

32
Se ata cada zapato con un cordel fino.

33
Para que luzca mejor, se remata la atadura con un lazo hecho con el mismo cordel.

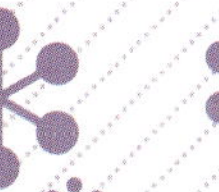

✳✳✳ Algunos detalles ✳✳✳

34 Para conseguir que los extremos de la cuerda no se deshagan, se coloca en torno a ellos un trozo de encaje y se pega con silicona, con lo que se aportará también un toque ornamental a la muñeca.

35 El mismo tipo de encaje que se utilizó en el paso anterior podrá servir ahora para decorar el cuello.

36 Se aplica una línea de silicona en todo el recorrido del límite del cuello...

37 ... y se va acomodando sobre dicha línea el encaje, actuando con cuidado para que quede bien colocado.

38 La operación finaliza acabando de acomodar el encaje y presionando sobre él para que quede firmemente pegado por todo el cuello.

39 Este es el aspecto que presenta la muñeca en este momento.

40 Se forma una pequeña bolita para la nariz y se pega con silicona.

41 Se borda la boca, una línea gruesa en forma de V, bastante abierta.

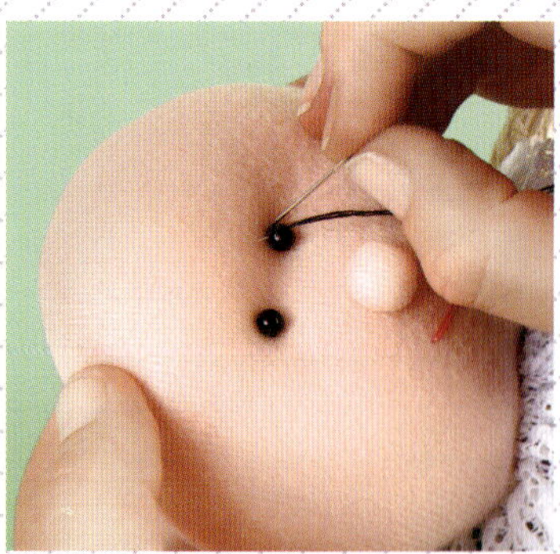

42 Para representar los ojos se utilizan unas bolitas de color negro.

43 Así es como aparece la cara una vez terminada.

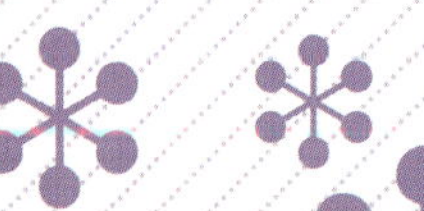

✳✳✳ Pelo ✳✳✳

44 Para conseguir el flequillo se toma una cantidad de hilo de lana de color rojo y se enrolla con los cuatro dedos de la mano juntos.

45 Una vez conseguida la madeja deseada, se retiran los dedos y con el mismo hilo se ata fuertemente la madeja por uno de sus extremos.

46 Con las tijeras se corta la madeja por el extremo opuesto a la atadura.

47 Para el pelo se toma una lámina de unos 40 cm de largo de un material duro (madera, cartón, plástico o similar). Sobre ella se enrolla hilo del mismo tipo que se ha utilizado para el flequillo. La cantidad de vueltas que se den con el hilo dependerá de la cantidad de cabello que se requiera. Una vez se haya conseguido enrollar la cantidad de hilo necesaria, se coloca una tira de cinta adhesiva a lo largo de uno de sus extremos.

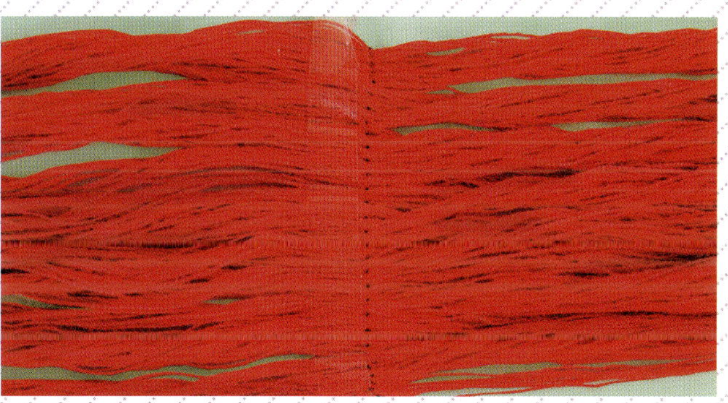

48 Después se corta la madeja formada por el extremo opuesto a aquel sobre el que se ha colocado la cinta adhesiva y se cose.

49 Vea en esta imagen los dos elementos que se han elaborado, el flequillo y el cabello.

50 Se cose el flequillo en la zona superior central de la cabeza, y algo hacia atrás.

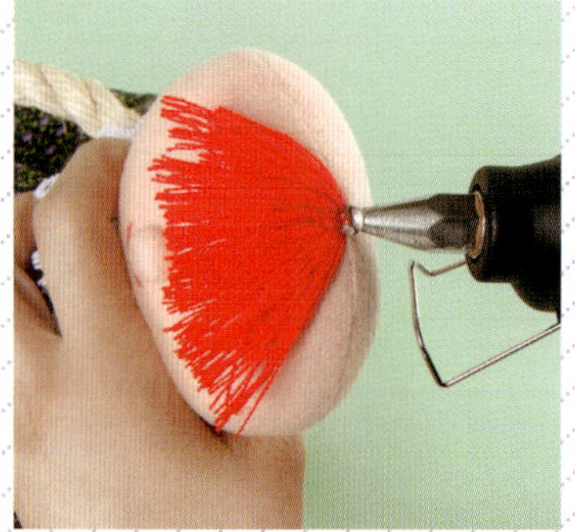

51 Se aplica ahora una línea de silicona que irá desde la parte posterior del flequillo hasta la nuca.

52 Con cuidado de no pringar el cabello, se va acomodando este sobre la línea de silicona aplicada.

53 A medida que se va avanzando, se va dirigiendo y repartiendo el cabello hacia uno y otro lado.

54 A continuación se peina el cabello para que quede perfectamente repartido.

55 Con las tijeras se cortan los extremos inferiores de cada coleta para que queden a un mismo nivel. Después, cada una de las coletas se trenza y luego se ata.

56 Así es como aparece nuestra muñeca en este momento.

57 Para darle un poco más de volumen se aplica un poco de rubor en las mejillas.

58

Aquí está nuestra muñeca ya terminada.

Deutschland un... Welt
界前三

León

Lejos de representar un león que infunda mucho respeto, este va a ser inofensivo y, ademas de cumplir una función decorativa, será un buen compañero. Su elaboración no va a ser fácil ni mucho menos rápida. Por esto será preciso tomarse este ejercicio con calma y, sobre todo, poner atención a cada una de sus fases.

Estos son los materiales y herramientas de los que nos vamos a servir para confeccionar nuestro león.

He aquí el dibujo esquemático de nuestro león. En la hoja 3 se encuentran los patrones correspondientes en color verde claro.

✳✳✳ Preparación ✳✳✳

1 Tomando los patrones como referencia, se cortan todas las piezas necesarias para confeccionar nuestro león.

2 Se cosen los brazos y las piernas por todo su perímetro.

✳✳✳ Confección del cuerpo ✳✳✳

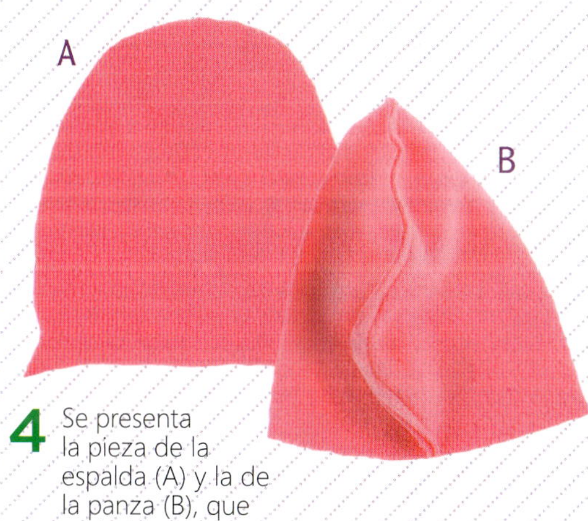

3 La pieza que corresponde al tronco se cose por la parte curva, de arriba hacia abajo.

4 Se presenta la pieza de la espalda (A) y la de la panza (B), que está abierta.

5 Se cosen las dos piezas de abajo arriba por ambos lados.

6 Al llegar a la parte superior se corta el hilo.

7 Se cose hasta el centro de la parte superior.

8 La tela que va a sobrar se guardará para el cuello.

9 Se iguala la parte inferior y se cose con la máquina.

10 Se da la vuelta por el cuello a este elemento que se ha confeccionado.

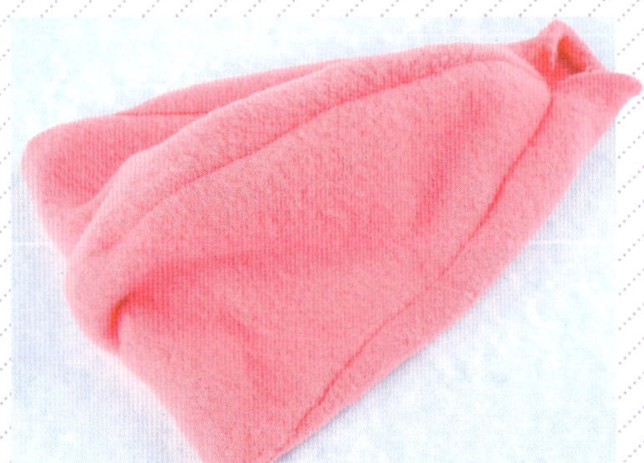

11 Con un lápiz se arregla para que todo quede bien presentado, especialmente las costuras y las puntas.

12 El relleno debe ser abundante, puesto que es necesario que el cuerpo quede muy duro.

*** Confección de patas y brazos ***

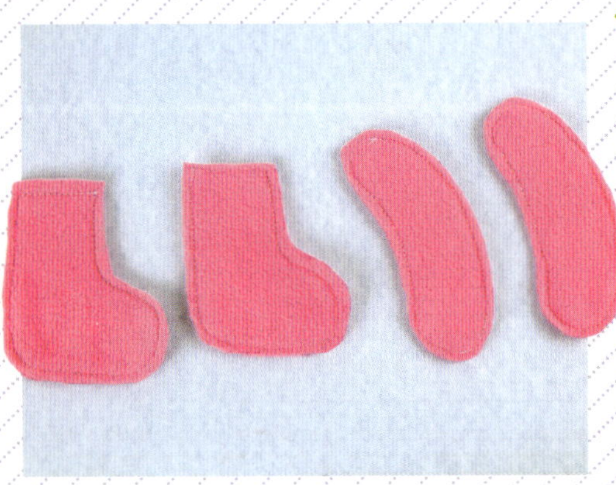

13 Aquí tenemos lo que hemos preparado al principio. Los dos elementos de la izquierda corresponden a las patas y los dos de la derecha a los brazos.

14 Se cogen los elementos de las patas y de los brazos y con las tijeras se realiza un pequeño corte en vertical.

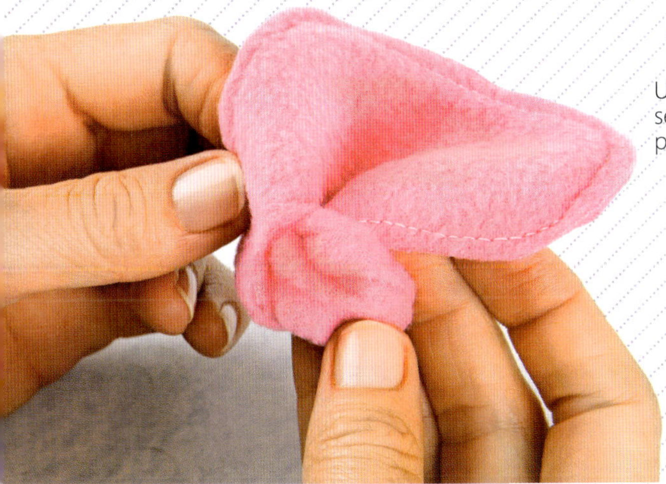

15
Utilizando el corte
se da la vuelta a
patas y brazos.

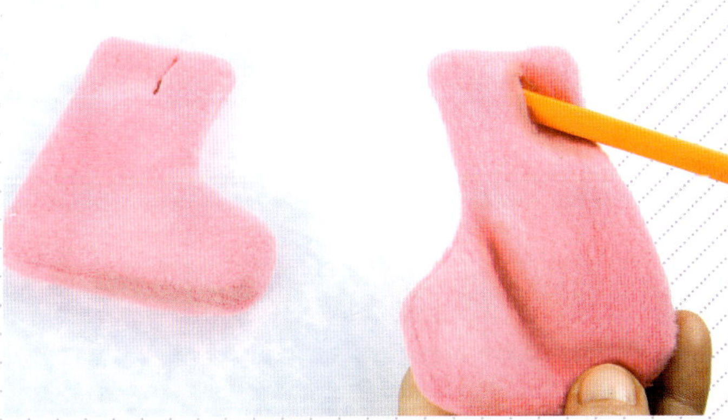

16
Una vez volteados
patas y brazos, se
repasa a fondo
para que cada
elemento quede
perfectamente
volteado.

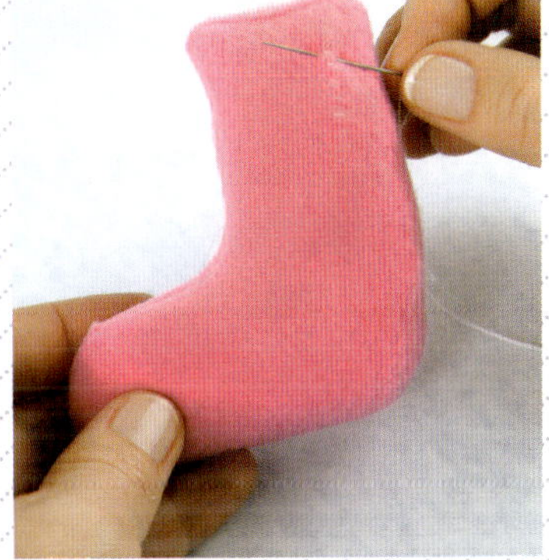

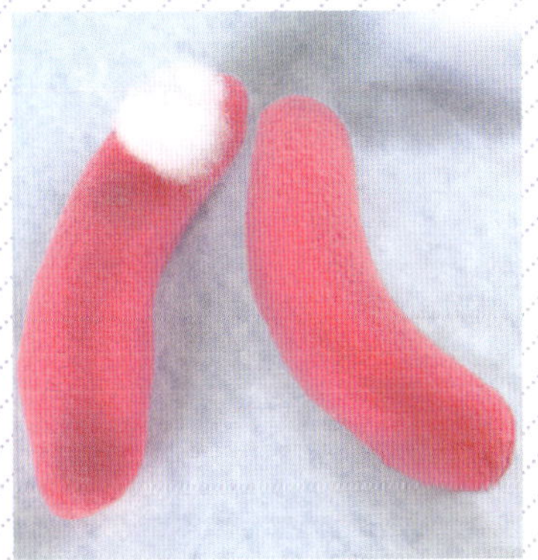

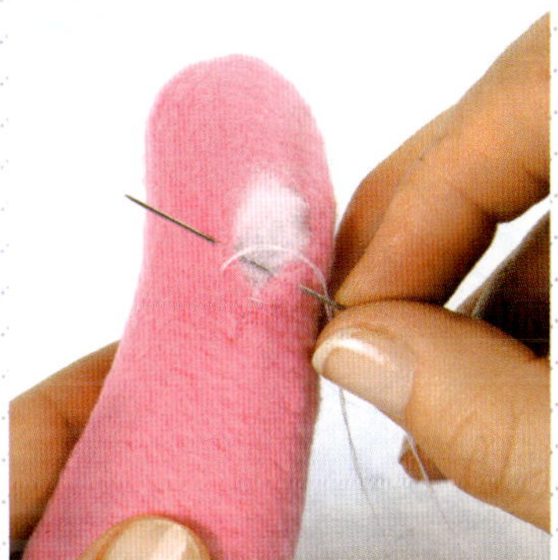

17 A través del corte que
ha servido para voltear
cada elemento, se rellena
abundantemente con
algodón siliconado, con
cuidado de que dicho
corte no se agrande.

18 Con aguja e hilo se cose
el corte por donde se ha
introducido el relleno.

19 He aquí los brazos, una
vez terminado el relleno
y con el de la izquierda
a punto de coser.

20 Se cose el corte
utilizado para voltear
y para el relleno.

✳✳✳ Unión de las patas al cuerpo ✳✳✳

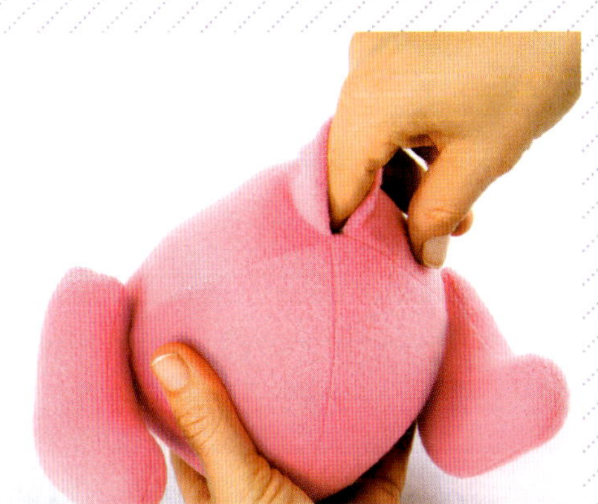

21 Se cosen las patas en su lugar,
comprobando que quedan bien pegadas.

22 Con el dedo metido en el corte
del cuerpo del león se hurga en
el relleno, abriendo un hueco.

23 En el hueco que se ha abierto se introduce un palo que servirá para que el cuerpo del muñeco quede bien erguido.

24 Se cubre la parte del cuello con relleno.

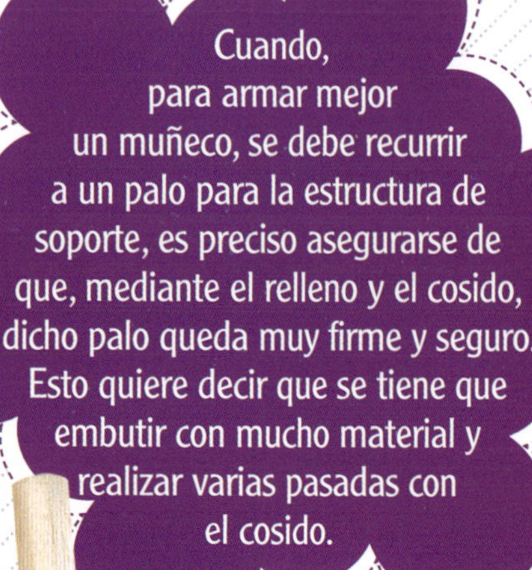

Cuando, para armar mejor un muñeco, se debe recurrir a un palo para la estructura de soporte, es preciso asegurarse de que, mediante el relleno y el cosido, dicho palo queda muy firme y seguro. Esto quiere decir que se tiene que embutir con mucho material y realizar varias pasadas con el cosido.

26 Así es como tenemos el muñeco en este momento.

25 Se cose el corte hasta tocar el palo introducido.

✳✳✳ Melena ✳✳✳

27 Se cortan las piezas necesarias para la melena.

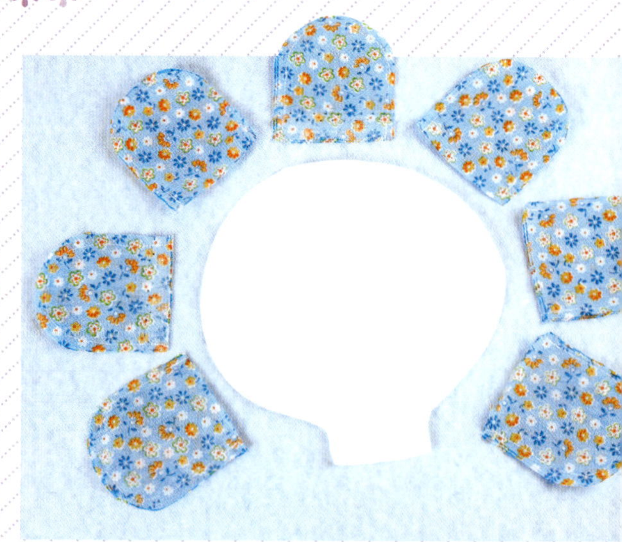

28 Se hace una presentación con la parte posterior de la cabeza en el centro y, alrededor de ella, las diferentes piezas que formarán la melena, para ver y decidir su distribución.

29 Se cosen todas las piezas de la melena, dos piezas superpuestas, al mismo tiempo.

30 Una vez cosidas, se da la vuelta a cada una de las piezas...

 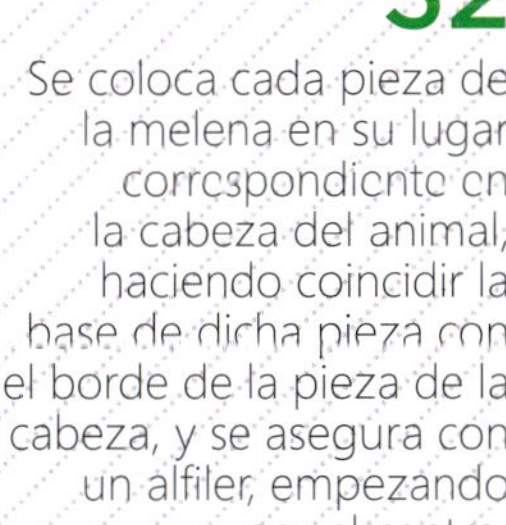 

31 ... y luego se planchan.

32 Se coloca cada pieza de la melena en su lugar correspondiente en la cabeza del animal, haciendo coincidir la base de dicha pieza con el borde de la pieza de la cabeza, y se asegura con un alfiler, empezando por el centro.

 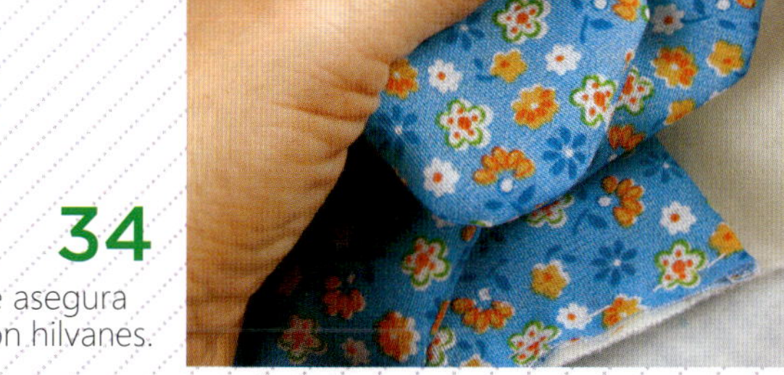 

33 Siguiendo idéntico sistema se van colocando las demás piezas hasta formar el conjunto.

34 Se asegura con hilvanes.

35

Luego se unen las piezas a la cabeza con la máquina de coser.

36

Cuando se ha terminado el cosido, se abren las piezas de la melena hacia el exterior, para asegurar su distribución.

✳✳✳ Confección de la cabeza ✳✳✳

37 Se cose la parte anterior de la cara desde el centro hasta el cuello.

38 Se abre y acomoda en el lugar donde va a quedar definitivamente. Se guarda nuevamente la melena...

39 ...y se cose la cabeza, siguiendo todo su perímetro, dejando una abertura en la zona que corresponde al cuello.

Siempre que se deba manejar una pieza, ya sea para voltearla o para rellenarla, se debe proceder con cuidado y precaución. Se debe recordar que en este momento la pieza se encuentra muy vulnerable y, por lo tanto, se podrá dañar fácilmente si no se la maneja con cuidado.

40

Utilizando la zona sin coser y con cuidado, se da la vuelta a la cabeza.

41

Se rellena la cabeza abundantemente de manera que quede bien apretada.

42

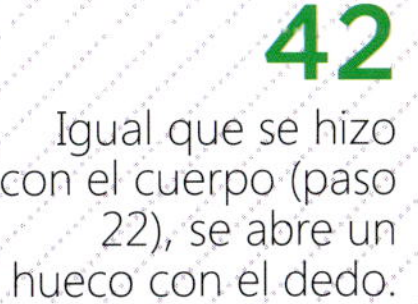

Igual que se hizo con el cuerpo (paso 22), se abre un hueco con el dedo.

✻✻✻ Unión de cabeza y cuerpo, y remate ✻✻✻

43 Se une la cabeza con el cuerpo...

44 ... y, a continuación, se cosen los dos elementos.

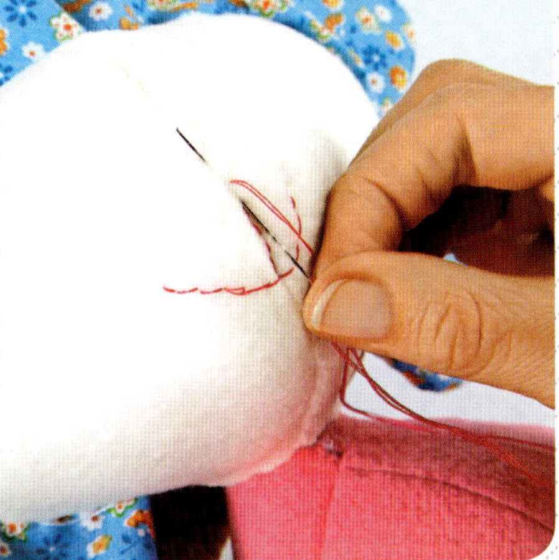

45 Con hilo rosado se dibujan la boca y la nariz.

El cosido que se realiza para las uniones de elementos de cierta complejidad debe ser a mano. Pero también es necesario cuidar mucho las puntadas que deben salvar los intereses básicos: que la unión quede firme y que se disimule lo máximo posible.

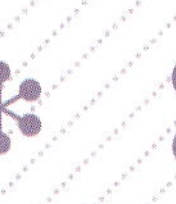

46

Para los ojos se utilizan bolitas proporcionadas a las medidas de la cabeza.

47

Debe calcularse bien la distancia que se deja entre ojo y ojo, puesto que ello ayudará a describir mejor la expresión del animalito.

48 Se cosen los brazos al muñeco.

Esperemos que este ejercicio con el que se cierra este libro sirva de colofón a todo un conjunto de conocimientos y técnicas que se han expuesto y que el lector habrá podido poner en práctica. Ojalá haya servido para activar su imaginación y creatividad y también para que se sienta con ganas de introducirse en un mundo de fantasía, frescura y simpatía sin límites.

49

Y así es como ha quedado nuestro león.